Dinkelkochbuch

ECON Ratgeber

Zum Buch:

»Dinkel ist das beste Getreide ..., fettig, kraftvoll und leichter verträglich als alle anderen Körner. Es verschafft dem, der es ißt, ein rechtes Fleisch und bereitet ihm ein gutes Blut. Die Seele des Menschen macht es froh und voll Heiterkeit.« *Hildegard von Bingen*

Der Dinkel ist ein altes, züchterisch wenig bearbeitetes Getreide. Generell kann man annehmen, daß der Dinkel die Urform des Weizens ist.
Nicht ohne Grund ist der Dinkel einer der wichtigsten Bestandteile der Hildegard-Küche. Jahrhundertelang war er ein Volksnahrungsmittel, heute finden wir im Dinkel ein Getreide, das eine gesunde und ausgewogene Ernährung durch die Vielzahl von wichtigen Inhaltsstoffen garantiert, und auch zur Heilung von Krankheiten eingesetzt werden kann. Besonders erfolgreich ist die Wirkung von Dinkel bei Krankheiten, die den Darm und den Stoffwechsel betreffen, bei nervlicher Anspannung und Erschöpfung und bei Herz- und Kreislaufstörungen. Die über 200 erprobten Rezepte dieses Buches zeigen die vielfältigen Möglichkeiten dieses wohlschmeckenden Getreides.

Herausgegeben wurde dieses Buch von der Basler Hildegard-Gesellschaft.

Heilige Hildegard

Dinkelkochbuch

Über 200 erprobte Rezepte

Herausgegeben durch die
Basler Hildegard-Gesellschaft

ECON Taschenbuch Verlag

Ökologisch handeln:
Dieses Buch ist gedruckt auf 100 % Recyclingpapier,
chlorfrei gebleicht.

Lizenzausgabe

Veröffentlicht im ECON Taschenbuch Verlag GmbH, Düsseldorf
und Wien, 1994

Umschlaggestaltung: Molesch/Niedertubbesing, Bielefeld
Gesetzt aus der Palatino
Satz: HEVO GmbH, Dortmund
Druck und Bindearbeiten: Ebner Ulm
Printed in Germany
ISBN 3-612-20462-9

Inhaltsverzeichnis

Alle Rezepte sind für 4 Personen berechnet.

Vorwort

Unser Dinkelkochbuch ist auf lebhafte Nachfrage gestoßen, die erste Auflage war rasch vergriffen. In der Zwischenzeit hat Schwester Rosmarie Müller, die erfahrene Hauswirtschaftslehrerin aus dem Kloster Heiligkreuz in Cham, viele neue Dinkelrezepte erprobt. Wir sind ihr zu großem Dank verpflichtet. Sie hat es uns ermöglicht, diese zweite Auflage stark zu erweitern. Alle Rezepte sind erprobt.

Der Dinkel war noch vor zehn Jahren ein aussterbendes Getreide, kaum einer kannte den Namen, und nur noch wenige konnten mit Dinkel umgehen. Dabei war der Dinkel noch vor hundert Jahren in unseren Gegenden das wichtigste Getreide. Erst später hat der Weizen begonnen, ihn zu verdrängen.

Es ist das besondere Verdienst des deutschen Arztes Dr. Gottfried Hertzka, den Dinkel gerettet und wieder bekanntgemacht zu haben. Dinkel kann man heute wieder in Hildegard-Läden und vielen Reformgeschäften kaufen. Initiative Hildegard-Freunde haben daneben ein breites Sortiment von Dinkelprodukten entwickelt. Wir können Dinkel als Lebensmittel ohne Einschränkung empfehlen.

Die Basler Hildegard-Gesellschaft freut sich, daß der erste Band der neuen Kochbuch-Reihe auf ein so lebhaftes Interesse gestoßen ist. Weitere Kochbücher sind in Vorbereitung. Für alle Anregungen und Unterstützung sind wir dankbar.

Basel, 19. Mai 1991
BASLER HILDEGARD-GESELLSCHAFT
Cyrill Bürgel

Die Zubereitung von Dinkel für Gesunde und Kranke

»Der Dinkel ist das beste Getreide!« Mit diesen Worten möchte ich Sie herzlich begrüßen. Ohne Übertreibung können wir sagen, daß in der Hildegard-Küche der Dinkel der wichtigste Bestandteil ist. Mit ihm steht und fällt die Hildegard-Küche. Alle anderen Grundzutaten, Kräuter und Gewürze, kann man mehr oder weniger variieren, je nach Geschmack und Bedürfnis. Nicht so die Getreideart. Auf Dinkel können wir nicht verzichten, unserem Wohlergehen zuliebe. Und ich möchte Herrn Dr. Strehlow beipflichten, der sagt: »Die Ernährung ist bis zu 90 % verantwortlich für unsere Gesundheit.« So kann es uns nicht wundern, wenn inmitten der Wohlstandszeit viele Menschen sich wieder zurückbesinnen auf eine ausgewogene, möglichst naturbelassene Ernährung. Vom Schweizer sagt man: Er ißt zu salzig, zu fett, zu süß, zu viel und er nimmt zu wenig Faserstoffe auf.

Der Dinkel, in der Schweiz nennen wir ihn ›Chorn‹, ist ein altes, züchterisch wenig bearbeitetes Getreide. Generell dürfen wir annehmen, daß der Dinkel die Urform des Weizens ist. Er ist sehr anspruchslos und winterhart. Selbst auf flachgründigem Boden gedeiht er, in Lagen bis über 1000 Meter.

Jahrhundertelang war er ein Volksnahrungsmittel, heute wird er nur begrenzt angebaut, vor allem im schwäbischen Raum, teilweise im Voralpenland, auch in der Schweiz, in den Niederlanden und in den USA. Heute werden in der Schweiz noch etwa 4 % der Brotgetreidefläche mit Dinkel angebaut.

Lassen wir nun die hl. Hildegard zu uns sprechen! Vom Dinkel sagt sie: »Dinkel ist das beste Getreide, fettig und leichter verdaulich als alle anderen Körner. Es verschafft dem, der es ißt, ein rechtes Fleisch und bereitet ihm ein gesundes Blut. Die Seele des Menschen macht es froh und voll Heiterkeit.« Warum kann Hildegard so sprechen? Die Wirkungen des Dinkels waren ihr bekannt.

Der Dinkel übertrifft den Weizen hinsichtlich seiner Beschaffenheit. Äußerlich unterscheidet sich die Dinkelähre durch Farbe und Form vom Weizen. Die Spelzhülle ist doppelt und besteht aus Deckspelz und Vorspelz. Wegen dieses doppelten Verschlusses müssen die Dinkelähren beim Mahlen einen besonderen Arbeitsgang über sich ergehen lassen; das Gerben.

Diese Spelzhülle, in der Schweiz nennen wir sie Spreu, ist aber nur scheinbar ein Abfallprodukt. Hildegard hat die Heilkraft der Spreu gelobt. Für Erwachsene wird die Spreu in dichtgewobene Baumwollsäckchen abgefüllt und als Kopfkissen benützt. Bei Kopfschmerzen, Migräne, Schulterbeschwerden, Nervosität, Schlaflosigkeit, Augen- und Ohrenleiden, ganz besonders aber auch bei Eiterungen von Stirn- und Kieferhöhlen sind die Heilungschancen besser. Aber nicht nur im Kopfkissen kann Spreu eingesetzt werden, immer beliebter und begehrter werden Spreumatratzen oder Spreumatratzenauflagen.

Nachfolgend einige positive Auswirkungen:

– Bessere Durchblutung der Beine: Krampfadern verschwinden zwar nicht — aber es bilden sich keine neuen mehr.

- Dank der Kreislaufförderung weniger Müdigkeit, Unlustgefühle, Schwindel.
- Bessere Konzentrationsfähigkeit.
- Zu hoher und zu niedriger Blutdruck gleicht sich aus.
- Mehr Widerstandskraft gegen Erkältungskrankheiten.
- Weniger und zudem schwächere Wallungen.
- Anregung der Nieren- und Darmtätigkeit.
- Linderung von Asthmaanfällen.

Weshalb diese positiven Auswirkungen? Spreu kann vor Erdstrahlen und Wasseradern schützen. Meßprotokolle hierzu liegen der Autorin vor. Damit ihnen der Erfolg mit dem Spreukissen, mit der Matratze, nicht ausbleibt, sollten Sie ca. nach 7 Jahren die Spreu auswechseln.

Da beim ausgereiften Getreide sehr leicht die Ähren abfallen, erntete man in den letzten Jahrzehnten vielfach den Dinkel schon vor der Reife und reifte das Korn dann künstlich nach. Es kam unter dem Namen ›Grünkern‹ in den Handel. Das am Halm gereifte Korn hat aber durch die natürliche Reifung gerade in den letzten entscheidenden Wochen sich qualitativ vervollkommnet und ist somit vollwertiger als der Grünkern.

Welche Nährstoffe finden wir im Dinkelkern?

Es enthält in idealer Zusammensetzung Eiweiße, Kohlenhydrate, Fett, Mineralstoffe, Spurenelemente, Vitamine und eine große Menge Zellulose. Aus Tabelle 1 ersehen wir die prozentuale Zusammensetzung.

Tabelle 1
Prozentuale Zusammensetzung der Nährstoffe im Dinkel

	Dinkel
Eiweiß	13,1
Kohlenhydrate	67,7
Fett	2,45
Mineralstoffe	1,75
Vitamine	B1, B2, Niacin/PP Antineoplastisches Vitamin B17 Pantothensäure
Zellulose	8,8

Aus Hildegard Heilkunde Nr. 1

Der Eiweißanteil im Dinkel ist im Verhältnis zu anderen Nahrungsmitteln recht hoch. Im Hühnerei sind 12% Eiweiß. Gerade dort hätten wir sicher mehr vermutet. Der Bedarf an Eiweiß ist abhängig vom Lebensalter und von besonderen Umständen.

Säuglinge bis zu 6 Monaten brauchen	3,5 g pro kg Körpergewicht
Schulkinder	2,0 g
Erwachsene bis zu 65 Jahren	1,0 g
Erwachsene über 65 Jahren	1,2 g

Erhöht ist bei älteren Leuten der Eiweißbedarf deshalb, weil ihre Körperzellen schneller abgebaut und schwerer erneuert werden. Bausteine des Eiweißes sind die Aminosäuren. Wir kennen 20 Aminosäuren, davon sind 8 essentiell, d. h. lebensnotwendig. Wir müssen sie in der

Nahrung aufnehmen, da sie der Körper nicht selber bilden kann.

Die Tabelle 2 enthält die Namen der essentiellen Aminosäuren und den Aminosäuregehalt des Dinkelkerns im Vergleich zum heimischen Weizenkern.

Tabelle 2
Gehalt an Aminosäuren in mg je g Frischgewicht

	Dinkel	Weizen	
Cystin	1,35 mg	1,1	
Leucin	9,0	6,0	
Isoleucin	5,6	4,4	
Lysin	2,75	2,9	
Methionin	4,0	2,4	2 Dopamin
Phenylalanin	7,0	5,0	3 Adrenalin
			4 Noradrenalin
Tryptophan	1,8	1,2	3 Serotonin
Valin	5,8	4,2	

Aus Hildegard Heilkunde Nr. 1

Beim Dinkel ist besonders der Leucin-, Methionin- und Phenylalaningehalt höher als beim Weizen.

Aus Phenylalanin entstehen Dopamin und die beiden Nebennierenmark-Hormone Noradrenalin und Adrenalin. Ein Mangel an Dopamin kann zu der gefürchteten Parkinsonschen Krankheit führen. Noradrenalin und Adrenalin sind für die gute Stimmung verantwortlich. Hier kann ein Mangel zu schweren Depressionen führen. Zudem sind die beiden Nebennierenmark-Hormone für die Blutdruckregulation verantwortlich.

Tryptophan regt seinerseits wiederum die Produktion des Stimmungshormons Serotonin an, das auf die Gemütslage ausgleichend wirkt. Seelische Ausgeglichenheit ist der beste Schutz gegen Krankheiten. Dinkel steht deshalb auf der Skala der Nahrungsmittel, welche die natürlichen Abwehrkräfte steigern und uns gesund erhalten, an erster Stelle.

Dinkel ist eine reiche Vitamin-Quelle und übertrifft den Weizen an Vitamin B1 und Niacin sowie Vitamin B2.

Tabelle 3
Vitamingehalt im Dinkel und die Wirkungen der Vitamine (mg je 100 g Frischgewicht)

	Dinkel	Weizen
Thiamin B1	0,64	0,48
Riboflavin B2	0,22	0,14
Niacin PP	0,6	0,42
Pantothensäure	0,08	0,09
Antineoplastisches Vitamin B17		

Alle diese Vitamine sind unentbehrlich zur Aufrechterhaltung der Lebensvorgänge. Doch hat jedes Vitamin wieder seine spezifische Aufgabe.

Thiamin B1 regt Appetit und Herztätigkeit an. Bei einem Mangel an B1 entstehen Herzstörungen, Muskelkrämpfe und der Muskelschwund, der Ihnen unter dem Namen Beriberi bekannt sein dürfte. Nervenschmerzen und Nervenentzündungen können ebenfalls entstehen. Geistige und körperliche Müdigkeit sind Begleiterscheinungen. (Bei Auszugsmehl haben wir einen Verlust von Thiamin B1 von 85 %.)

Riboflavin B2 regelt den Stoffwechsel und fördert die normale Hautfunktion. Es ist auch wichtig für normales Wachstum und für eine gute Entwicklung. Zudem vermindert genügend Vitamin B2 Augenschäden. Als Folgen des Mangels entstehen Verdauungs-, Augen- und Hautstörungen. Niacin ist verantwortlich für den Stoffwechsel und gesunde Schleimhäute. Ein Mangel an Niacin äußert sich an der Veränderung der Schleimhäute, vor allem im Verdauungstrakt und an der Zunge. Es entstehen auch Hautkrankheiten — rauhe Haut! Mais ist arm an Niacin, darum leiden viele Menschen in den Entwicklungsländern an der Krankheit Pellagra! Weitere Folgen eines Niacin-Mangels sind Appetitlosigkeit, Durchfall, Müdigkeit, Schwäche und Schädigung des Nervensystems.

Antineoplatisches Vitamin B17 — dieses Vitamin wurde erst neu entdeckt, die Forschungsarbeiten laufen auf Hochtouren. Es soll gegen bösartige Geschwülste wirksam sein.

Auch beim Fettgehalt ist Dinkel dem Weizen überlegen. Nun — das mag im ersten Moment nicht erfreulich tönen! Aber Fett ist nicht gleich Fett. Unterschiede gibt es im Anteil der essentiellen Fettsäuren, und diese sind für den Abbau des Cholesterins verantwortlich. Die essentiellen Fettsäuren können vom Körper nicht selber gebildet werden und müssen in der Nahrung aufgenommen werden. Die gute Versorgung des Körpers mit essentiellen Fettsäuren gewährt einen Schutz gegen den gefürchteten Herzinfarkt.

Den Hauptbestandteil des Dinkels bilden die Kohlenhydrate. »Der Dinkel verschafft seinem Esser rechtes

Fleisch und rechtes Blut und verleiht einen frohen Sinn, die Seele des Menschen macht er froh und voll Heiterkeit!« Hildegard beschreibt mit diesem Text die große biologische Bedeutung der Kohlenhydrate für den Aufbau und die Funktion des Organismus. Bei der Verdauung wird im Körper die gespeicherte Sonnenenergie des Dinkels wieder frei. Diese Pflanzenwärme ist die beste Energiequelle aller Körperzellen. Bemerkenswert ist, daß die Gehirnzellen auf die Glukose angewiesen sind. Stärke kann auch als Reservesubstanz in den Muskelzellen gespeichert werden. Somit kann der Organismus eines Kranken von diesem Notvorrat zehren.

Auch die Mineralstoffe und Spurenelemente machen den Dinkel zu einem wertvollen Nahrungsmittel. Besonders erwähnen möchte ich Phosphor, der auch mengenmäßig am stärksten vertreten ist. Phosphor ist nötig zum Aufbau aller Körperzellen, insbesondere aber der Gehirn-, Leber- und Muskelzellen. Auch da spüren wir wieder, wie zurecht der Dinkel die Kraft hat, ein rechtes Fleisch zu bereiten und die Seele des Menschen froh und heiter zu machen.

Der Dinkel verdient es also, daß er das Getreide-Produkt Nummer Eins in unserer Küche ist. Die große Auswahl an Dinkelprodukten erleichtert uns das Menüaufstellen.

- Da gibt es das ganze Getreidekorn. Unverändert kann man es zubereiten und als Beigabe in Suppen, Salaten, Hauptspeisen, Gebäck und Desserts verwenden. Die Körner werden am Vorabend eingeweicht, 10-15 Minuten gekocht und anschließend läßt man sie quellen.
- Wird die äußerste Schale abgeschmirgelt, erhält man

Kernotto. Ein herrlicher Ersatz für den raffinierten Reis! Kernotto-Gerichte sind sehr schmackhaft und sehr bekömmlich.

- Grütze sind enthülste, grob zerkleinerte Dinkelkörner. Grütze ist schneller gekocht als Kernotto und eignet sich vor allem zu Suppen, Aufläufen, Gratins, zu Klößchen und Bratlingen.
- Grieß ist noch mehr zerkleinert und ist von Schale und Mehlstaub befreit. Dinkelgrieß hat etwas weniger Bindekraft.
- Schrot ist das Produkt von grobgemahlenen Körnern. Er kann ebenso vielfältig verwendet werden wie Grütze und ist der Hauptbestandteil des Dinkel-Habermuses auf dem Frühstückstisch.
- Dinkelvollkornmehl enthält das ganze Getreidekorn und sollte möglichst kurz vor der Verarbeitung gemahlen werden, weil sich die Vitamine schnell verändern und bei längerer Lagerung sogar vollständig zerstört werden. Hier spielt die Haushaltsmühle eine wichtige Rolle. Auf die Haushaltsmühle komme ich später zurück.
- Dinkelweißmehl liefert genau so ein bekömmliches Dinkelbrot, wie das dunkle Dinkelvollkornmehl. Dies rührt daher, daß das Dinkeleiweiß nicht nur in den Randschichten der Körner steckt, sondern zu einem beträchtlichen Teil wie ein feines Netz auch den ganzen Mehlkern, die Mehlzellen, durchzieht. Anders beim Weizenkern! Dort befinden sich in den Randschichten Eiweiß, Mineralstoffe und Vitamine. Das heißt jetzt aber nicht, daß man ohne weiteres Dinkelweißbrot genießen soll. Dinkelvollkornbrot schmeckt anders, verdaut sich auch anders und wirkt auch anders als Dinkelweißbrot. In ihm ist

noch die verdauungsfördernde Kleie enthalten und das gesamte Vitamin B1.

- Flocken sind enthülste Körner, die industriell gedämpft, feucht gewalzt und getrocknet sind. Es gibt auch Haushaltsmaschinen, mit denen man selber Dinkelflocken herstellen kann. — Die Körner werden am Vortag mit Wasser befeuchtet, zum Trocknen auf ein Leintuch ausgelegt und anderntags dann gepreßt. Die Flocken sehen zwar etwas weniger schön aus, enthalten aber den vollen Nährwert des ganzen Getreidekornes.
- Cornflakes sind ein guter Ersatz für Kartoffelchips und eignen sich zum Knabbern zwischendurch und als Bereicherung auf dem Fruchtmüesli.
- Sehr beliebt, nicht nur von Kindern, sind die Goldnüssli. Dinkel wird gepufft und dann in einem wohlausgeklügelten Verfahren mit Honig überzogen. Achten Sie darauf, daß sie immer ein Paket Dinkelnüssli im Vorrat haben! So ist für Ihren Besuch stets eine Überraschung bereit!
- Auch das Vollwertmüesli ist ideal zusammengesetzt. Es eignet sich vor allem als Beigabe zur Rohkosttorte, zu Bircher- und Fruchtmüesli.
- Wer ganz auf Dinkelkost umgestellt hat, der trinkt auch gerne den Dinkelkaffee. Anfänglich mag es eine Überwindung sein. Denken wir aber an die Vorzüge des Dinkelkaffees, so bleibt man sicher dabei. Vor allem Rheumatiker möchten ihn nicht mehr missen.
- Neu und für viele Schweizer wohl noch unbekannt ist das Dinkelbier. Dinkelbier tut gut, Dinkelbier schmeckt gut! Davon konnte ich mich auf der Insel Reichenau überzeugen.

Dank der großen Vielfalt der Dinkelprodukte kann in der Küche viel Abwechslung in die Menüs gebracht werden. Das Dinkelhabermus zum Frühstück bildet eine bodenständige Grundlage für den ganzen Tag. Durch das warme Habermus wird der ganze Organismus von Kopf bis Fuß von einem Wärmegefühl überströmt, so daß man nicht mehr an kalten Füßen leiden muß. Und zum Habermus den Dinkelkaffee!

Am Mittag kommt als erstes ein warmes Gericht, wohl eine Suppe, auf den Tisch. Sie kann gebunden sein oder klar; gebunden mit Dinkelmehl, Grieß, Flocken oder Grütze, klar, mit Körner-, Klößchen, Biskuit-, Teigwareneinlagen. Unerschöpflich sind die Möglichkeiten für das Hauptgericht. Vor allem attraktiv sind Speisen aus Kernotto und Dinkelgrütze. Wer einmal ein gutes Grundrezept entdeckt hat, kann dasselbe mit etwas Phantasie, der Jahreszeit angepaßt, entsprechend ändern. Gemüse und Kräuter helfen dabei.

Auch Nachspeisen kann man mit Dinkelprodukten abwechslungsreich zubereiten, z. B.

Müesli mit Flocken, Goldnüssli
Fruchtsalate mit Körnern, Grütze, Flocken
Cremes mit Schrot, Mehl
Puddinge mit Grieß, Flocken oder Mehl
Gebäck mit verschiedenem Mehl und Schrot.

Zum Nachtessen darf das Dinkelbrot nicht fehlen! Groß sind die Möglichkeiten, Dinkelbrot auf immer wieder neue Art herzustellen. Variieren können die Form der Brote, die verwendete Mehlart, die Gewürze, die Kräuter und sonstige Beilagen. Zu den Gewürzen: Probieren Sie es mal mit Galgant, Kubebenpulver, Bertram, Koriander, Fenchel oder Kümmel. Oder bereichern Sie das Brot mit Küchenkräutern! Besonders geeignet dazu sind Petersilie, Majoran und Basilikum. Beigaben wie Datteln, Sultaninen, Mandeln, Sonnenblumen- oder Kürbiskerne, Mohn-, Sesam- oder Flohsamen geben dem Brot eine besondere Note. Je nach Zusammensetzung des Brotes wird die Beilage gewählt, z. B.:

- Käse (am besten ein Schweizer Käse, dazu Mutterkümmel)
- Quark nature, mit Kräutern oder Früchten angereichert
- Und wer dem Fleisch den Vorzug gibt, kommt auch bei Hildegard auf die Rechnung.

Ein Wort zum Dinkel in der Diätküche

Hildegard selbst gibt ein Rezept: Sie sagt: »Und wenn gar jemand von Kranksein so geschwächt ist, so daß er vor Schwäche nicht mehr beißen kann, dann nimm bloß ganze Körner vom Dinkel und koche sie im Wasser, füge Butter und Eidotter (und eine Prise Salz) hinzu, wodurch das Essen ein wenig schmackhafter wird und der Kranke es lieber ißt. Das gib dem Kranken zu essen und es heilt ihn von innen heraus wie eine gute und heilsame Salbe.« So weit Hildegard. Wir finden sehr häufig bei Kranken und stark abgemagerten Menschen, daß sie nur sehr schwer kauen und fast nicht mehr schlucken können. Ihre Schleimhäute und ihre Säfte sind sozusagen vertrocknet. In diesen Fällen lohnt es sich, dieses Dinkel-Ganzkorngericht zuzubereiten und als Mahlzeit dem Kranken zu reichen. Die Schleimhäute erholen sich dann wieder in erstaunlicher Weise. Der Körper laugt aus den ganzen Dinkelkörnern das Nötige heraus, auch wenn sie von ihm nicht mechanische verkleinert wurden. Vorausgesetzt natürlich, daß die Körner völlig weich gekocht sind.

Ja, man kann sagen, daß man Dinkel bei allen Krankheiten als Basis-, Nahrungs- und Heilmittel einsetzen sollte. Vom Dinkel als Diätgetreide liegen ärztliche Erfahrungen vor. Sie können folgendermaßen zusammengefaßt werden:

Aufgrund der hervorragenden guten Wasserlöslichkeit des Dinkels werden seine vitalen Inhaltsstoffe wie flüssige Nahrung ohne belastende Verdauungsarbeit vom Körper rasch aufgenommen und dem gesamten Organismus zur Verfügung gestellt. Dadurch werden alle Körperzellen optimal ernährt und gestärkt und sind zu Höchstleistungen fähig. Dinkel ist demnach eine vorzügliche Sportlernahrung!

Besonders erfolgreich erwies sich die Dinkelernährung bei folgenden Krankheiten:

1. Darmkrankheiten
Dinkel sollte in jeglicher Form die Grundlage der Ernährung bei Magen-Darm-Störungen sein.

Bei Darmgeschwüren und Durchfällen helfen Dinkelmehlsuppen, Grießspeisen und alles, was feiner ist als Grieß. In schweren Fällen kann man das Durchfallei einsetzen.

Bei Verstopfung, bei Hämorrhoiden und bei Divertikulosen, die gewöhnlich als Folge von Verstopfung auftreten, sollen Dinkelspeisen aus Körnern, Kernotto, Grütze und Flocken zubereitet werden, evtl. unterstützt mit Flohsamen oder Dinkelkleie.

2. Stoffwechselkrankheiten

Bei Fettsucht wird eine Hildegard-Fastenkur empfohlen (S. 49 Küchengeheimnisse der Hildegard-Medizin), und danach sollte man auf Dinkelkost umstellen.

Beim Diabetiker sorgen die Dinkelfaserstoffe 8,8% für einen langsamen Einstrom der Glukose in den Körper. Dadurch wird eine Einsparung von Insulin möglich. Zusätzlich Bertram als Gewürz einsetzen!

Bei Gicht und Rheuma kommt der Einsatz von Dinkelkaffee zum Zuge.

3. Nervenleiden

Bereits angesprochen habe ich die Wirkungen der essentiellen Aminosäuren (des Phenylalanins und des Tryptophans), sowie des Vitamin-B-Komplexes für ein frohes Herz und Gemüt.

4. Arzneimittelschäden

Nur zu oft wird beim Einsatz von Antibiotika die Darmflora geschädigt. Dank Dinkel regenerieren sich die Verdauungswege. Bewährt hat sich bei verätzter Speiseröhre die Dinkelbrühe. Ebenso kann bei Milchunverträglichkeit bei Säuglingen die Dinkelbrühe eingesetzt werden.

5. Herz- und Kreislaufstörungen

Bewährt hat sich bei Herzbeschwerden und bei hohem Blutdruck ein salzarmes Dinkelbrot, gewürzt mit Bertram, Galgant, Quendel und Diptam.

6. Lebensmittelallergien

Die Unverträglichkeit von Hafer, Weizen und Soja äußert sich in Blähungen und Durchfall. Dinkel wird in den meisten Fällen gut vertragen. Dinkel ist also innerhalb der

Hildegard-Küche nicht mehr wegzudenken. Und ich hoffe, daß alle jene von Ihnen, die ihn noch nicht gekannt haben, jetzt recht Lust darauf bekamen. Dinkel schmeckt Gesunden und Kranken, denn:

»Dinkel ist das beste Getreide, fettig und kraftvoll und leichter verdaulich als alle anderen Körner. Es verschafft dem, der es ißt, ein rechtes Fleisch und bereitet ihm ein gutes Blut. Die Seele des Menschen macht es froh und voll Heiterkeit.«

Selbstverständlich ist es unerläßlich, daß bei auftretenden Krankheiten ein Arzt oder Heilpraktiker aufgesucht wird. In einem Beratungsgespräch kann dann festgestellt werden — ob und in welchem Maß — Hildegard-Produkte Linderung und Heilung verschaffen können.

Sr. Rosemarie Müller

Verzeichnis A:
Rezepte nach Gerichten

I. Suppen:

1. Klare Suppen:

2. Gebundene Suppen:

II. Hauptspeisen:

1. Pikante Gerichte mit Fleisch:

2. Pikante Gerichte ohne Fleisch:

3. Süße Gerichte:

III. Beilagen:

1. Salate:

2. Saucen:

IV. Dessert:

1. Müesli:

2. Cremes:

3. Puddings:

V. Gebäck:

1. Brot:

2. Kuchen:

VI. Getränke:

Verzeichnis B:
Rezepte alphabetisch

Rezepte

Suppen

1. Klare Suppen

Dinkelkörner-Suppe

50 g Dinkelkörner oder	*8 Stunden einweichen*
50 g Dinkelgrütze	*3 Stunden einweichen*
1 Eßlöffel Butter 30 g Dinkelweißmehl	*dünsten*
1 Liter Wasser 1 Messerspitze Pelargonienpulvermischung	*ablöschen*
1 Eßlöffel Hildegard-Würze eingeweichte Dinkelkörner oder -grütze	*beigeben,* *Kochzeit: 15 Minuten*
1 Eßlöffel Käse oder 1 Gesundheitsei	*in die Suppenschüssel geben*

Gesundheitsei:

1 Liter Wasser	*sieden*
1 Eßlöffel Wein	*beigeben*
1 aufgeschlagenes Ei	*sorgfältig hineingleiten lassen* *Kochzeit: 8-10 Minuten*
Dotter	*kleinhacken*
Eiweiß	*nicht verwenden!*

Tip: *Suppe mit Gemüse anreichern.*

Minestrone mit Dinkelkörnern

50 g Dinkelkörner	*über Nacht einweichen, 10 Minuten kochen und 20 Minuten quellen lassen*
1 Knoblauchzehe etwas Bleichsellerie 1 Karotte 1 kleine Fenchelknolle einige grüne Bohnen	*klein schneiden, andämpfen,*
1 Kartoffel	*mit 1 1/2 Liter Wasser ablöschen*
1 Eßlöffel Hildegard-Würze 1 Kaffeelöffel Salz 1-2 Messerspitzen Muskatpulver	*beigeben*

2 Salbeiblätter	
4 Basilikumblätter	*kleinhacken, beigeben*
1/2 Bund Petersilie	*Kochzeit: 50-60 Minuten*
Dinkelkörner	*kurz vor dem Anrichten beigeben*
geriebenen Parmesan	*auf die angerichtete Suppe streuen*

Tip: *Gemüse entsprechend der Saison wählen.*

Kräuter-Pfannkuchensuppe

30 g Dinkelweißmehl	
1 Prise Salz	
1 Messerspitze Muskatpulver	*in eine Schüssel geben*
1-2 Eier	*im Litermaß aufklopfen*
mit Milch auf 150 ml	*auffüllen, unter Rühren zum Mehl*
Flüssigkeit	*geben, 1 Stunde ruhen lassen*
geschnittene Kräuter	*beifügen*
2 Pfannkuchen	*backen, halbieren, aufrollen, in feine Streifen schneiden*
1 Liter Hildegard-Würze	*darübergießen*

Hildegard-Suppe mit Brotkugeln

25 g Butter	
3 Eier	
1 Prise Salz	
Muskat	*schaumig rühren*
60-70 g Dinkel-Weißbrotbrösel	*beigeben, bis eine formbare Masse entsteht*
Kleine Teigkugeln	*formen*
in erwärmter Butter	*goldig backen*
mit einer klaren Bouillon	
Petersilie oder	
Schnittlauch	*servieren*

Dinkelbrösel-Suppe

1 Eßlöffel Butter	*weichrühren*
4 Eßlöffel Dinkel-Brösel	
2 Eier	
Muskat	
1 Prise Salz	
1 gepreßte Knoblauchzehe	
100 ml Wasser	*beigeben, gut mischen*
900 ml Wasser	
1 1/2 Eßlöffel Hildegard-Würze	*sieden*
Bröselmasse	*unter Rühren einlaufen lassen*
Suppe	*unter Rühren aufkochen, anrichten*
Petersilie	*beigeben*

Goldwürfelsuppe

8 Schnitten Dinkel-Toast-brot, altbacken	*in kleine Würfel schneiden*
1 Ei 2 Eßlöffel Milch	*verrühren*
Brotwürfel	*beigeben und sofort vermischen, bis alle gleichmäßig durchfeuchtet sind*
1 Eßlöffel Butter	*erwärmen*
Brotwürfel	*beigeben und gleichmäßig ›goldig‹ backen*
1 Liter Bouillon 1 Eßlöffel Schnittlauch	*zubereiten, anrichten*
Goldwürfel	*darauf geben*

Schwammklößchensuppe

1/8 Liter Milch 10 g Butter 1 Prise Salz	*zum Sieden bringen, Hitze reduzieren*
50 g Dinkelgrieß	*beigeben, gut rühren, bis sich der Teig von der Pfanne löst*
Teig	*leicht auskühlen lassen*
1 Ei	*gut unterrühren*
gehackte Petersilie Muskat	*beifügen*

1 Liter Hildegard-Würze	*zum Kochen bringen*
Teigmasse	*in Spritzsack füllen, Durchmesser der Tülle 5 mm*
kurze Teigklößchen	*in die Bouillon schneiden, 5 Minuten ziehen lassen*
Klößchensuppe	*über Suppengrün anrichten*

Bouillon mit Dinkelgrieß-Klößchen

150 ml Milch 15 g Butter 1/4 Teelöffel Salz Wenig Muskat	*zum Kochen bringen*
50 g Dinkelgrieß	*einrühren, zu dickem Brei kochen*
1/2-1 Ei aufgeschlagen feingehackte Petersilie	*mit dem leicht ausgekühlten Brei tüchtig vermischen, in Spritzsack füllen, Tülle ca. 3/4 cm weit*
1 Liter Hildegard-Würze	*sieden*
Grießmasse	*untermengen, ca. 1 cm lange Stückchen, 5 Minuten ziehen lassen, anrichten*
Petersilie oder Schnittlauch	*schneiden, beifügen*

Dinkelschrotklößchen-Suppe

2 Eigelb 100 g Dinkelschrot 2 Eßlöffel Dinkelweißmehl 1/2 Kaffeelöffel Salz Muskat/Quendel Streuwürze	*mischen,* *1/2 Stunde stehen lassen*
3-4 Eßlöffel Wasser Petersilie	*beigeben,* *die Masse muß fest sein*
1 Liter Wasser 1 Eßlöffel Hildegard-Würze	*sieden*
Dinkelschrotmasse	*mit Kaffeelöffel abstechen, in der Brühe 15 Minuten ziehen lassen*

Tip: *Noch schneller geht es, wenn die Masse in den Spritzsack gefüllt wird. Tülle ca. 8 mm Durchmesser.*

Leberknödelsuppe

1 Dinkelbrötchen	*kleinschneiden*
3-4 Eßlöffel heißes Wasser	*darübergießen, zugedeckt ca. 10 Minuten stehen lassen*
1 Ei	*beigeben*
1 gehackte Zwiebel	*dämpfen*
100 g feingehackte Rinds- oder Kalbsleber	*mitdämpfen*

Ysop, Quendel, Salz, Streuwürze	*zum Abschmecken beigeben*
alle Zutaten	*mixen, in Spritzsack mit großer Lochtülle füllen*
in 1 Liter leicht siedender Hildegard-Bouillon	*spritzen, 10 Minuten ziehen lassen*

Dinkelmehlbiskuit-Suppe

2 Eigelb 2 Eßlöffel Sonnenblumenöl 2 Prisen Salz Ysop	*schaumig rühren*
Eßlöffel Käse 2 Eßlöffel Wasser	*beigeben, gut mischen*
60 g gesiebtes Dinkelweißmehl 2 Eischnee	*darunterziehen*
Biskuitmasse	*gradlinig ca. 8 mm dick auf Backtrennpapier ausstreichen*

Backen: 200 °C, ca. 10 Minuten, 1. Schiene

Tip:
- *Das Biskuit sofort nach dem Backen in verschobene Vierecke schneiden.*
- *Biskuit auf die angerichtete Hildegard-Bouillon geben.*

Kürbis-Dinkelsuppe

1 Zwiebel	*fein schneiden, dämpfen*
800 ml Wasser	*ablöschen*
300 g Kürbis	*rüsten, in kleine Stücke schneiden, beigeben, weichkochen, eventuell mixen*
1 Tasse gekochte Dinkelkörner	
Etwas Thymian	
1 Prise Muskat	
1 Kaffeelöffel Meersalz	
1 Kaffeelöffel Hildegard-Würze	*beigeben, aufkochen*
4 Eßlöffel Rahm	*zum Verfeinern beigeben, wenn die Kürbiswürfel gemixt wurden*

Gebundene Suppen

Dinkelflocken-Suppe

1 Liter Wasser	*sieden*
Muskat	*beigeben*
30 g Dinkelflocken	*einrühren*
1 Eßlöffel Edelkastanienmehl	*Kochzeit: 30 Minuten*
1 mittelgroße, rohe Kartoffel	*fein reiben, nochmals gut aufkochen*
2 Eßlöffel Milch	
1 Ei oder	*vermengen, einrühren,*
2 Eßlöffel Rahm	*anrichten*
Schnittlauch	
Petersilie	*fein schneiden, beifügen*

Eingerührte Dinkelvollkornmehl-Suppe

1 Liter Wasser	*sieden*
40 g Dinkelvollkornmehl	*unter Rühren beigeben Kochzeit: 15 Minuten*
1 1/2 Löffel Hildegard-Würze	*beigeben*
1 Ei	*vermengen, unter Rühren einlaufen lassen, sofort anrichten*
2 Eßlöffel Rahm oder Milch	
geröstete Brotwürfel	*in die Suppenschüssel*
Suppengrün	*geben*

Gedämpfte Dinkelmehl-Suppe

1/2 Eßlöffel Kochbutter	*erwärmen*
1 gehackte Zwiebel	*hellgelb dämpfen*
50 g Dinkelweißmehl	*beigeben, mitdämpfen*
1 Liter Wasser	*ablöschen*
1 1/2 Eßlöffel Hildegard-Würze	*beigeben*
1 Karotte	*hineinreiben* *Kochzeit: 15 Minuten*
Grünes 2 Eßlöffel Rahm 1 Eßlöffel Greyerzer	*in die Suppenschüssel geben*

Gedämpfte Dinkelgrütze-Suppe

1/2 Eßlöffel Butter	*erwärmen*
Gehackte Zwiebeln 2 Eßlöffel Karottenwürfel	*dämpfen*
30 g Dinkelmehl 30 g Dinkelgrütze	*beigeben, mitdämpfen*
1 Liter Wasser	*ablöschen*
1 Eßlöffel Hildegard-Würze	*beigeben,*
Muskat	*Kochzeit: 15 Minuten*
2 Eßlöffel Rahm geschnittenes Suppengrün	*in die Schüssel geben*

Gedämpfte Dinkel-Cremesuppe

2 Eßlöffel Butter 40 g Dinkelweißmehl oder Edelkastanienmehl	*dünsten*
1 Liter Wasser	*zum Ablöschen, Kochzeit: 15 Minuten*
1 Eßlöffel Hildegard-Würze 1 Prise Salz Muskat	
Einige Tropfen Zitronensaft	*zum Abschmecken*
Geröstete Dinkelbrotwürfel Schnittlauch	*in die Suppenschüssel geben*

Selleriecremesuppe

1 Eßlöffel Butter	*erwärmen*
30 g Dinkelweißmehl	*dämpfen*
1 Liter Wasser	*ablöschen*
1 Eßlöffel Hildegard-Würze 1/3 Kaffeelöffel Salz	*beigeben*
1 kleine Sellerieknolle	*schälen, in Scheiben schneiden, beigeben, Kochzeit: 20-30 Minuten*
Suppe	*mixen oder durch ein Sieb passieren*
1 Eigelb	*vermengen, unter Rühren in die nicht mehr kochende*

3 Eßlöffel Rahm	*Suppe einrühren*
Gehackte Sellerieblätter Gehackte Petersilie Gehackten Majoran	*in die Suppenschüssel geben*

Dinkelgrieß-Suppe mit Gemüse

1 Eßlöffel Butter	*erwärmen*
1/2 Zwiebel 1 kleingeschnittene Karotte 1/2 Tasse Sellerie gewürfelt	*dämpfen*
40 g Dinkelgrieß	*beigeben, mitdämpfen*
1 Liter Wasser	*ablöschen,* *Kochzeit: 15 Minuten*
Ysop, Muskat 1 1/2 Eßlöffel Hildegard-Würze 1 Prise Salz	*zum Abschmecken*

Geröstete Dinkelgrieß-Suppe

1/2 Eßlöffel Butter	*erwärmen*
3 Eßlöffel Dinkelgrieß	*hellbraun rösten*
1 geschnittene Zwiebel	*kurz mitrühren*
1 Liter heißes Wasser	*ablöschen, Kochzeit: 20 Minuten*
1 1/2 Eßlöffel Hildegard-Würze	
2 Messerspitzen Muskatpulver	*beigeben*
1 Ei	
2 Eßlöffel Rahm oder Milch	*vermengen, unter Rühren beifügen, sofort anrichten*
1/2 Tasse Brotwürfel	*rösten, in die Suppenschüssel geben*
mit Suppengrün	*verzieren*

Tip: *Anstelle von Dinkelgrieß 30 g Dinkelgrütze und 30 g Dinkelweißmehl verwenden.*

Geröstete Dinkelgrütze-Suppe

1/2 Eßlöffel Kochbutter	*erwärmen*
30 g Dinkelgrütze	
30 g Dinkelweißmehl	*hellbraun rösten*
1 gehackte Zwiebel	
1/2 Tasse Selleriewürfel	*beigeben, mitdämpfen*
1 Liter Wasser	*ablöschen*

1 1/2 Eßlöffel Hildegard-Würze	
1 Messerspitze Pelargonienpulvermischung	*beigeben, Kochzeit: 20-30 Minuten*
2 Eßlöffel Rahm	
Suppengrün	*in die Schüssel geben*

II. Hauptspeisen

1. Pikante Gerichte mit Fleisch

Dinkelnudeln mit Kalbfleisch

Sud:	
1 Liter Wasser 1 Zwiebel, besteckt	*aufkochen*
1 Kaffeelöffel Salz 300 g Kalbfleisch am Stück	*beigeben, aufkochen, abschäumen*
1 Karotte 1 Stück Sellerie	*beigeben,* *40 Minuten kochen lassen*
Fleisch	*herausnehmen, in kleine Stücke schneiden*
Sauce:	
30 g Butter	*schmelzen*
40 g Dinkelweißmehl	*dünsten*
400 ml Sud	*ablöschen, 10 Minuten köcheln lassen, würzen*

3 Eßlöffel Weißwein 100 ml Rahm Fleischwürfel	*beigeben, erwärmen und über die angerichteten Nudeln gießen*
Nudeln:	
2 Liter Wasser 20 g Salz	*sieden*
200 g Dinkelnudeln	*beigeben, ›al dente‹ kochen*

Dinkelnudel-Salat

2 l Wasser 20 g Salz	*sieden*
200 g Dinkelnudeln	*beigeben, gut weichkochen, absieben, auskühlen lassen*
2 hartgekochte Eier 200 g gekochtes Rindfleisch 100 g Halbhartkäse	*in Würfel schneiden*
50 g Frischkäse 6 Eßlöffel Kaffeerahm 3 Eßlöffel Weinessig 1/2 Kaffeelöffel Senf Streuwürze Pfeffer, Paprika	*gut verrühren*
alle Zutaten	*mischen, anrichten*

Dinkelhörnlepfanne

250 g Dinkelhörnle	*in Salzwasser ›al dente‹ kochen, abtropfen lassen*
2 Eßlöffel Butter	*erwärmen*
Hörnle	*beigeben, erhitzen*
100 g Rauchfleisch	*in Streifen schneiden, beigeben*
200 g Raclettekäse	*in Würfel schneiden, beigeben*
1 Messerspitze Mutterkümmelpulver	
gehackten Thymian	*beifügen*
Hörnle	*vorsichtig wenden, bis der Käse schmilzt, anrichten*
mit gehackter Petersilie	*überstreuen*

Dinkelnudel-Eintopf

1 Zwiebel	*fein hacken*
2 Karotten	
200 g Zucchini	*schälen, in dünne Stengel schneiden*
3 feste Tomaten	*in Würfel schneiden*
1 Eßlöffel Butter	*erwärmen*
Gemüse	*beigeben, unter gelegentlichem Rühren knapp weichdämpfen*

evtl. 3 Eßlöffel Sojasauce 3 Eßlöffel Weißwein 1 Messerspitze Kubebenpulver Gewürze	*beigeben, mischen, beiseite stellen*
1 Eßlöffel Sonnenblumenöl	*erhitzen*
300 g geschnetzeltes Entenfleisch	*anbraten, würzen, beiseite stellen*
150 g Dinkelnudeln	*in Salzwasser ›al dente‹ kochen, abschütten*
Nudeln Entenfleisch Gemüse	*mischen, anrichten*
geriebenen Käse	*darüber streuen*

Be-Schu-Ba
(Betriebs-, Schutz-, Baustoffe in einem)

150 g Dinkel-Hörnle	*›al dente‹ kochen*
1 Eßlöffel Kochbutter	*erwärmen*
1 kleine Tasse Karottenwürfel 1/2 Tasse Selleriewürfel 1 Eßlöffel Peperoniwürfel	*beigeben, dämpfen, mit wenig Wasser ablöschen, knapp weich werden lassen*
3 Eßlöffel Erbsen	
gehackte Kräuter Salz, Streuwürze	*zum Abschmecken*
50 g Bündnerfleisch	*klein schneiden*

50 g Käse	*reiben*
Eine Lage Hörnle	*in bebutterte Gratinform geben*
obige Zutaten	*darauf verteilen*
restliche Hörnle	*daraufgeben*
Guß:	
150 g Speisequark 100 ml Rahm oder Milch 3 Eier wenig Salz, Streuwürze, Muskat Oregano	*zusammen verrühren, über die Hörnle gießen*
geriebener Käse Butterflocken	*nach Belieben darauf verteilen*

Backen: 220 °C, ca. 30-35 Minuten

Tip:
- *Wenn möglich frische Kräuter verwenden!*
- *Gemüse nach Saison wählen.*
- *Anstelle von frischem Gemüse können Gemüsereste verwendet werden.*
- *Statt Fleisch gedämpfte Pilze beigeben.*

Lasagne verde mit Quark

250 g grüne Dinkelnudeln	*›al dente‹ kochen*
100 g Quark 2 Eier 100 ml Rahm 1 Kaffeelöffel Hildegard-Würze	*vermischen*
100 g Hackfleisch	*anbraten*
1 gehackte Zwiebel 1 gehackte Knoblauchzehe 3 Tomaten, in Scheiben geschnitten 1 Eßlöffel Petersilie, gehackt 2 gehackte Salbeiblätter	*beigeben, einige Minuten mitdämpfen*
Salz, Gewürze	*abschmecken*
Teigwaren Hackfleisch Teigwaren	*lagenweise in bebutterte Gratinform füllen*
Quarksauce	*darübergießen*
geriebener Käse	*darüberstreuen*

Backen: 200 °C, 20 Minuten, 2. Schiene

Dinkelgrieß-Spaghetti kunterbunt

1 Eßlöffel Sonnenblumenöl	*erhitzen*
200 g Rinderhüfte, geschnetzelt	*beigeben, anbraten*
1 Zwiebel, gehackt	*beigeben, mitdämpfen*
700 ml Wasser	*ablöschen, aufkochen*
1/2 Kaffeelöffel Salz Pfeffer, Paprika, Thymian, Rosmarin, Salbei, Oregano	*beigeben*
250 g Spaghetti	*locker beigeben, aufrühren und auf schwachem Feuer ›al dente‹ kochen*
1/2 Eßlöffel Butter	*in kleiner Pfanne erwärmen*
1 Tasse Peperoniwürfel, verschiedenfarbig	*beigeben, zugedeckt 4-5 Minuten dämpfen und unter die gekochten Spaghetti mischen*
80 g Sbrinz, gerieben	*unter die gekochten Spaghetti mischen*

Dinkelvollkornspaghetti-Omelett

40 g Butter	*in beschichteter Bratpfanne erwärmen*
250 g ›al dente‹ gekochte Spaghetti 50 G Bündnerfleisch, kleingeschnitten	

80 g Sbrinz, gerieben	*mischen, zugeben, leicht anbraten*
3 Eier 100 ml Rahm oder Halbrahm 1/2 Kaffeelöffel Salz Pfeffer, Paprika, Muskat	*gut mischen, dazugießen und die Pfanne zudecken*
Spaghetti-Omelett	*solange backen, bis die Eimasse fest ist, auf vorgewärmte Platte stürzen*

Kernotto nach Hausmannsart

2 Eßlöffel Sonnenblumenöl	*erwärmen*
1 Knoblauchzehe, zerdrückt 1 Zwiebel, feingehackt 1 Rosmarinzweig	*bei schwacher Hitze dämpfen*
300 g Hackfleisch, gemischt	*beigeben, mitdämpfen*
300 g Kernotto	*dazugeben, kurz mitdämpfen*
200 ml Weißwein 300 ml Wasser	*ablöschen*
2 Eßlöffel Hildegard-Würze	*daruntermischen*
300 g Gemüse, in Scheiben geschnitten 150 g Pilze, geviertelt	*daraufgeben, 10 Minuten kochen lassen, anschließend 20 Minuten ziehen lassen*
200 ml Rahm 2 Eßlöffel Petersilie, gehackt	*kurz vor dem Servieren daruntermengen*

Pfeffer, Paprika, Galgant, Muskat	*beigeben, mischen, anrichten*
evtl. Käse gerieben	*darüberstreuen*

Tip: *Deckel immer ganz auf der Pfanne belassen (Wärme- und Aromaverlust!).*
Kernotto nicht zu heiß essen, der Geschmack kommt besser zur Geltung.

Dinkelgrütze-Znacht

1 Eßlöffel Sonnenblumenöl	*erhitzen*
400 g Rindfleisch, geschnetzelt	*portionsweise anbraten, herausnehmen*
1 Eßlöffel Sonnenblumenöl	
1 Zwiebel, gehackt	*dämpfen, Fleisch wieder beigeben*
1 Kaffeelöffel Ysop, geschnitten	
1 Messerspitze Quendel	
Pfeffer, Salz	*würzen*
200 ml Weißwein	*ablöschen, leicht einkochen lassen*
600 ml Wasser	
3/4 Eßlöffel Hildegard-Würze	*beigeben, 15 Minuten zugedeckt leicht kochen lassen*
150 g Dinkelgrütze	*beigeben, nochmals 15 Minuten kochen, gelegentlich umrühren, dann 10 Minuten ziehen lassen*

mit geriebenem Käse	*anrichten*

Dinkelgrütze im Zucchininest

1 Eßlöffel Butter	*erwärmen*
1 Zwiebel, gehackt	*dämpfen*
80 Dinkelgrütze 20 g Dinkelschrot	*beigeben, mitdämpfen*
400 ml Wasser 3/4 Eßlöffel Hildegard-Würze 50 g Bündnerfleisch in Streifen geschnitten	*beigeben, 10 Minuten köcheln lassen, etwa 15 Minuten zugedeckt quellen lassen*
8 Zucchinischeiben: ca. 2 cm dick, 8 cm Durchmesser	*ungeschält in Salzwasser knapp weichkochen; Kerne mit einem Löffel herauslösen*
Zucchini	*in gefettete Gratinform legen*
Grütze	*in Zucchininest anrichten*
4 Eßlöffel Rahm	*darauf verteilen*
8 Scheiben Greyerzerkäse	*darauflegen, kurz überbacken*

Pikanter Dinkelschrotauflauf

100 g Dinkelkörner	*über Nacht einweichen, dann 10 Minuten kochen und anschließend 1 Stunde quellen lassen*

1 Liter Wasser	*sieden*
1 1/2 Eßlöffel Hildegard-Würze 250 g Dinkelschrot	*einrühren, kochen, bis ein zähflüssiger Teig entsteht*
Dinkelschrot Körner 1 Ei 100 ml Rahm 3 Eßlöffel Reibkäse 1 Eßlöffel gehackte Petersilie	*mischen*
1 gehackte Zwiebel 250 g geschnetzeltes Entenfleisch	*dämpfen, würzen*
Getreidebrei Fleisch Getreidebrei	*in gefettete Gratinform füllen*
Butterflocken	*darauf verteilen*

Backen: 200 °C, ca. 35 Minuten, 1. Schiene

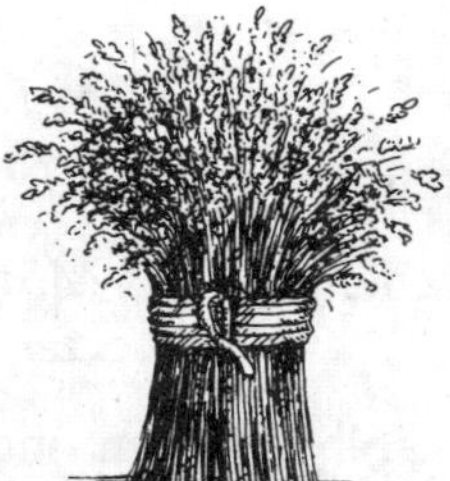

Dinkelschrotgratin mit Gemüse

50 g Dinkelkörner	*über Nacht einweichen, am Morgen 10 Minuten kochen*
1 Liter Wasser 1 Eßlöffel Hildegard-Würze	*sieden*
250 g Dinkelschrot	*einrühren, unter Rühren zu festem Brei kochen*
50 g geriebener Käse Dinkelkörner	*beigeben*
gehackte Zwiebeln	*dämpfen*
geschnittenes Gemüse	*beigeben, mitdämpfen*
Mit etwas Wasser	*ablöschen, würzen*
Gemüse	*weichdämpfen, ca. 10 Minuten*
100 g Rauchfleisch	*in feine Streifen schneiden*
Gratinform	*ausbuttern*
1/2 Dinkelmasse	*einfüllen*
Gemüse Fleisch	*darauf verteilen*
restliche Dinkelmasse	*daraufstreichen*
Käsescheiben	*3-4 Minuten vor Ende der Backzeit darauflegen*

Im Ofen bei 180°C ca. 15 Minuten überbacken

Bunter Grießauflauf

1/2 l Milch, 1/2 l Wasser 1/2 Eßlöffel Salz	*sieden*
180 g Dinkelgrieß	*einrühren, 10 Minuten kochen*
50 g grüne Peperoni 50 g Rauchfleisch	*in Streifen schneiden, beigeben*
Grießbrei	*auf kalt abgespültes Blech gießen, ca. 1,5 cm dick ausstreichen, erkalten lassen, in Rechtecke schneiden*
Grießschnitten	*in ausgebutterte Gratinform füllen*
3 Eier, 200 g Magerquark 100 g geriebenen Sbrinz 1 Eßlöffel Hildegard-Würze 1 Messerspitze Muskat	*mischen, darübergießen*

Backen: 200 °C, 30 Minuten, 1. Schiene

Rindfleischeintopf

200 g Rindsfilet	*in Würfel schneiden, anbraten, aus der Pfanne nehmen*
2 gehackte Zwiebeln 4 geschnittene Karotten	*dämpfen*
400 ml Wasser 1 Eßlöffel Hildegard-Würze	

1 Messerspitze Bertram	
1 Messerspitze Quendel	
1 Messerspitze Galgant	*beigeben*
200 g eingeweichte Dinkelkörner	
200 g Bohnen	*dazufügen, 20 Minuten köcheln lassen*
angebratene Filetwürfel	
evtl. etwas Salz	*beigeben, erhitzen, anrichten*

Dinkelburger

300 g Dinkelflocken grob	
300 ml Milch/Wasser	
1 Ei aufgeschlagen	*gut miteinander vermengen und 35-40 Minuten*
Salz, Pfeffer	*ziehen lassen*
2-3 Karotten (80-100 g)	*durch Bircherreibe reiben, beigeben*
1 Zwiebel	
1 Bund Schnittlauch	*fein schneiden, in Butter*
1 Bund Petersilie	*leicht andünsten,*
3-4 Blätter Beinwell	*ohne Farbe nehmen zu lassen,*
3-4 Blätter Salbei	*zur Masse geben und alles*
300 g gehacktes Rindfleisch	*gut durchkneten*
Salz, Pfeffer, Cayenne, Galgant und Quendel	*nach Belieben abschmecken, ›Hamburger‹ formen und in heißem Sonnenblumenöl 3-4 Minuten beidseitig anbraten.*

Tip: *Kann auch mit Fenchel oder Sellerie gemacht werden. Bei größerem Gemüsequantum 2 Eier nehmen. Das Fleisch kann weggelassen bzw. durch Gemüse oder Fisch (mit Basilikum) ersetzt werden.*

Hackfleischtaschen

Strudelteig:	
250 g Dinkelweißmehl	*in eine Schüssel geben, Kranz bilden*
2 Eier, 1 Kaffeelöffel Salz 2-3 Eßlöffel Wasser 1 Eßlöffel Sonnenblumenöl	*beigeben, zu Teig verarbeiten, 1/2 Stunde ruhen lassen*
Teig	*sehr dünn auswellen, runde Plätzchen ausstechen, Durchmesser 6-8 cm*
mit Wasser	*die Teigränder bestreichen*
je 1 Eßlöffel Fleischfülle	*daraufgeben, Plätzchen zur Hälfte überschlagen, Teigränder gut zusammendrücken*
im Salzwasser	*5-10 Minuten ziehen lassen, anrichten*
mit Kräutersauce	*übergießen*
Fleischfülle:	
400 g gehacktes Rindfleisch	

1 gehackte Zwiebel	
1 kleine Knoblauchzehe	
Streuwürze, Salz,	
Quendel, Ysop	
1 Eßlöffel Wasser	*alle Zutaten geschmeidig kneten*
Kräutersauce:	
1/2 Eßlöffel Butter	*erwärmen*
1 kleine Zwiebel, gehackt	*dämpfen*
2 Becher (à 180 g) saurer Halbrahm	
1 Eßlöffel Hildegard-Würze	
2 Eßlöffel gehackte Kräuter (Petersilie, Schnittlauch, Kerbel, Basilikum)	*beigeben, erwärmen, anrichten*

Dinkel-Ravioli

125 g Dinkelweißmehl	
125 Dinkelvollkornmehl	*in eine Schüssel geben*
2 Eier	*vermischen, beigeben, zu einem geschmeidigen*
3 Eßlöffel Wasser	*Teig kneten, zugedeckt bei*
1 Eßlöffel Sonnenblumenöl	*Zimmertemperatur*
1 Kaffeelöffel Salz	*1/2 Stunde ruhen lassen*
Teig	*dünn auswellen, die Hälfte des Teiges mit Wasser bestreichen*
Füllung	*häufchenweise in Abständen von 4-5 cm auf eine Teighälfte verteilen*

andere Teighälfte	*darüber legen, rund um die Füllung gut andrücken, kleine Quadrate schneiden*
2 Liter Salzwasser	*sieden*
angetrocknete Ravioli	*beigeben, 10 Minuten ziehen lassen*
mit geriebenem Käse, Rahm- oder Tomatensauce	*servieren*
Füllung:	
150 g geriebener Käse (Emmentaler, Greyerzer) 2 Eier ca. 100 ml Kaffeerahm Pfeffer, Muskat, Paprika	*mischen und gut würzen*
oder Fleischfülle, siehe Hackfleischtaschen	

Pizza (1. Art)

75 g Magerquark 2 Eßlöffel Sonnenblumenöl 1 Ei	*glattrühren*
10 g Hefe 2 Eßlöffel lauwarme Milch	*gut verrühren, beigeben*
150 g feines Dinkelschrotmehl	*mischen, beigeben, kurz zu Teig verarbeiten, zugedeckt 1 Stunde warm stellen*
Teig	*auswellen, Backblech Ø 28-30 cm, belegen, stechen*

100 g Rauchfleisch-scheiben	
200 g Tomatenscheiben	
150 g Käsescheiben	*darauflegen*
Thymian, Oregano	
Oliven, Petersilie	*zerkleinern, darauf verteilen*

Backen: 220 °C, 20-25 Minuten, 1. Schiene

> Tip: *Diesen Teig auch für Käse-, Zwiebel- und Gemüsekuchen verwenden!*

Pizza mit Spinat

250 g Dinkelvollkornmehl	
1 1/2 Eßlöffel Sojalezithin	*in eine Schüssel geben*
20 g Hefe	
1/2 Kaffeelöffel Honig	*miteinander auflösen, beigeben*
100 ml Wasser	*beigeben, zu einem geschmeidigen Teig verarbeiten, auswellen und ein befettetes Kuchenblech (Ø 30 cm) damit belegen*
1 Ei	
1 Kaffeelöffel Salz	
1 Eßlöffel Sonnenblumenöl	
Belag:	
2 Eßlöffel Dinkelbrösel	*auf den Teigboden streuen*
100 g Rauchfleisch	*in Streifen schneiden, darauf verteilen*
800 g Spinat, tiefgekühlt	*auftauen und abtropfen lassen*

1 Eßlöffel Butter	*erwärmen*
1 Zwiebel, gehackt 1 Knoblauchzehe, gehackt	*dämpfen*
Spinat	*beigeben, mitdämpfen, halbweich kochen, würzen, erkalten lassen, auf dem Teigboden verteilen*
400 g Raclettekäse	*darauf verteilen*

Backen: 220 °C, ca. 30 Minuten, 1. Schiene.

Tip:
- *Gemüse beim Dämpfen mit Leinentuch abdecken: es wird dadurch leichter verdaulich.*
- *Als Belag können auch Fenchel, Chicorée oder Artischockenherzen verwendet werden.*
- *Eventuell etwas Galgant nach dem Backen darauf streuen.*
- *Nach Belieben 150 - 200 g gehacktes Rindfleisch zubereiten und unter das Gemüse mischen.*

2. Pikante Gerichte (ohne Fleisch)

Kernotto

1 Eßlöffel Butter	*erwärmen*
1 feingehackte Zwiebel	*dämpfen, bis sie glasig ist*
200 g Kernotto	*kurz mitdämpfen*

500 ml Wasser 2 Eßlöffel Weißwein 1 Eßlöffel Hildegard-Würze 1 Messerspitze Mutterkümmel	*beigeben, auf kleiner Flamme etwa 30 - 40 Minuten köcheln lassen*

Tip:
- *Feingeschnittene Karotten mitdämpfen. Mit wenig Salz nachwürzen.*
- *Vor dem Anrichten kleingeschnittenes, weichgekochtes Hühnerfleisch daruntermischen, mit Reibkäse bestreuen.*
- *2 - 3 in Scheiben geschnittene Zucchini weichdämpfen; unter den fertigen Kernotto mischen.*

Dinkel-Knöpfle

100 g Dinkelgrieß 350 ml Milch	*gut mischen, 2 - 3 Stunden quellen lassen*
3 Eier	*beigeben, gut verquirlen*
300 g Dinkelmehl 1 gestrichener Kaffeelöffel Salz 1 gestrichener Kaffeelöffel Hildegard-Würze	*beigeben, gut vermischen, 1/2 Stunde quellen lassen*
2 Liter Wasser	*zum Sieden bringen*
2 gestrichene Eßlöffel Salz	*beifügen*
Teig	*durch das Sieb einlaufen lassen*

Knöpfle	*5 Minuten ziehen lassen, absieben, anrichten*
mit brauner Butter	*abschmelzen*
Geriebenen Käse	*darüber streuen*

> Tip:
> – *Knöpfle in Butter wenden*
> – *2 - 3 Eßlöffel gehackte Kräuter zum Knöpfleteig geben*

Kräuter-Spätzle

300 g Dinkelweißmehl 1 Kaffeelöffel Salz	*in eine Schüssel geben*
3 Eier 100 ml saurer Halbrahm 100 ml Wasser	*vermischen und beigeben*
2-3 Eßlöffel gehackte Kräuter, z.B. Petersilie, Salbei, Majoran 1 Kaffeelöffel Senf 1 Prise Pfeffer	*beigeben, vermischen und zugedeckt* *1/2 Stunde ruhen lassen*
2 Liter Wasser	*sieden*
2 Eßlöffel Salz	*beigeben*
Teig	*portionsweise durch das Sieb einlaufen lassen, 5 Minuten ziehen lassen*
mit geriebenem Käse	*lagenweise anrichten*
mit brauner Butter	*abschmelzen*

Dinkelnudeln mit Pilzsauce

250 g Dinkelnudeln	*in reichlich Salzwasser ›al dente‹ kochen, abschütten*
20 g Butter	*erwärmen*
Nudeln	*darin wenden, warmstellen*
20 g Butter 1 gehackte Zwiebel	*dämpfen*
10 g getrocknete Morcheln 10 g getrocknete Herbsttrompeten (eingeweicht)	*mitdämpfen*
100 ml Weißwein	*zufügen, zur Hälfte einkochen lassen*
Gewürze 200 ml Rahm, evtl. Halbrahm 100 g Reibkäse	*beigeben, und die Nudeln damit übergießen*

Schlemmer-Dinkelvollkornnudeln

200 g Dinkelvollkornnudeln	*›al dente‹ kochen*
1/2 Eßlöffel Butter	*erwärmen*
1 gehackte Zwiebel	*dämpfen*
200 g Pilze	*rüsten, in Scheiben schneiden, mitdämpfen*
1 Kaffeelöffel Zitronensaft	*daraufträufeln*
Petersilie, Thymian, Bohnenkraut	*fein schneiden, beifügen*

Pilze	*würzen, 5 Minuten dämpfen*
200 ml Rahm	*beifügen, erwärmen*
Pilzsauce	*über die angerichteten Nudeln gießen oder damit mischen*
geriebenen Käse	*darüber streuen*

Dinkelvollkornnudeln mit Gemüse

250 g Dinkelvollkornnudeln	*in Salzwasser ›al dente‹ kochen*
1 vollreife Tomate	*in kochendem Wasser überbrühen, enthäuten, halbieren, entkernen, in Würfel schneiden*
200 g junge Zucchini	*ungeschält in Scheiben schneiden*
1 Eßlöffel Butter	*erwärmen*
Zwiebeln, Knoblauch, 200 g Karotten, gewürfelt	*dämpfen, ablöschen, ca. 15 Minuten Kochzeit*
Zucchini	*nach 10 Minuten beigeben*
Kräuter Tomatenwürfel 200 ml Rahm	*kurz vor dem Fertigkochen beigeben*
100 g Fonduekäse, gewürfelt	*beigeben, erhitzen, aber nicht mehr kochen lassen*

Salz, Pfeffer	
1 Prise Cayennepfeffer	*beigeben*
Nudeln	*mischen, anrichten, sofort*
Gemüsesauce	*servieren*

Bunter Spaghetti-Topf

Gemüsemischung:	
200 g Karotten	
200 g Bohnen	*in kleine Würfel schneiden*
1 Eßlöffel Kochbutter	
1 Zwiebel, gehackt	*in eine Pfanne geben und*
1 Knoblauchzehe, gepreßt	*auf schwachem Feuer*
Gemüsewürfel	*dämpfen*
100 ml Wasser	
1 1/2 Eßlöffel Hildegard-Würze	
1 Messerspitze Quendel	*beifügen, Gemüse zugedeckt knapp*
1 Messerspitze Ysop	*weichkochen*
100 ml Weißwein	*beifügen, bei offener Pfanne einkochen lassen*
250 ml Rahm	*beigeben, mischen*
Spaghetti:	
2,5 Liter Wasser	*sieden*
25 g Salz	*beifügen*
250 g Dinkel-Spaghetti	*locker dazugeben, aufrühren, abgedeckt kochen lassen; Kochzeit 10-12 Minuten, Wasser abschütten*

Spaghetti Gemüse 80 g geriebener Sbrinz	*mischen, anrichten*

Dinkelnudel-Soufflé

2 Liter Wasser 20 g Salz	*sieden*
200 g Dinkel-Eiernudeln	*beigeben, ›al dente‹ kochen, Wasser ableeren und abtropfen lassen*
20 g Butter	*erwärmen*
40 g Dinkelweißmehl	*beigeben, kurz dünsten*
100 ml Weißwein 200 ml Milch	*ablöschen, 5 Minuten köcheln lassen*
Pfeffer, Muskat, Streuwürze	*würzen*
Sauce	*leicht auskühlen lassen*
4 Eigelb 100 g Greyerzer, gerieben	*mit der Sauce vermischen*
4 Eiweiß, steif geschlagen	*darunter ziehen*
Dinkelnudeln Käsemasse	*schichtweise in hohe, gefettete Gratinform füllen*

Backen: 190 °C, 30 — 40 Minuten, untere Schiene

Dinkelnudel-Auflauf

250 g Dinkelvollkornnudeln	*in Salzwasser ›al dente‹ kochen, abtropfen lassen*
1 Eßlöffel Butter	*erwärmen*
1-2 gehackte Zwiebeln	*dämpfen*
300 g geschnittenes Gemüse 1/2 Eßlöffel Hildegard-Würze etwas Ysop etwas Bertram	*mitdämpfen, ablöschen*
2 Eßlöffel Petersilie, gehackt	*beigeben*
Gemüse	*weichkochen*
Nudeln Gemüse	*mischen, in bebutterte Gratinform einfüllen*
2 Eier 1 Becher Sauerrahm (180 g)	*verquirlen, darübergießen*

Backen: 200 °C, ca. 25 Minuten, 1. Schiene

> Tip: *Nach Belieben 2 Eßlöffel Reibkäse unter die Nudeln mischen.*

Dinkel-Kräuternudel-Gratin

250 g Kräuternudeln	*›al dente‹ kochen, abtropfen lassen, in beölte Gratinform füllen*
eventuell 50 g geschnittenes Bündnerfleisch	*daruntermischen*
400 ml Bechamelsauce	*darauf verteilen*
mit Tomatenscheiben	*belegen*
Streuwürze	*daraufgeben*
mit Käsescheiben	*belegen*
Salbeistreifen gehackten Oregano	*daraufgeben*

Backen: 20 — 25 Minuten bei 220 °C, 2. Schiene

Quarkauflauf mit Dinkelnudeln

200 g Dinkelnudeln	*in Salzwasser ›al dente‹ kochen, abtropfen lassen*
3 Eigelb 1 Eßlöffel-Hildegard-Würze 500 g Quark	*verrühren*
3 Eischnee	*darunterziehen*
Dinkelnudeln Quarkcreme	*abwechslungsweise in gefettete Gratinform füllen*
evtl. geriebenen Käse	*daraufstreuen*

Backen: 200 °C, 30 - 35 Minuten, 1. Schiene

Dinkelschrotauflauf mit Gemüse

1/4 Liter Milch 1/2 Liter Wasser 150 g Dinkelschrot 1 Eßlöffel Hildegard-Würze	*aufkochen, 15 - 20 Minuten quellen lassen*
1/2 Kaffeelöffel Salz 1 Messerspitze Bertram	*zum Abschmecken*
1 gehackte Zwiebel 1 gehackte Knoblauchzehe 300 g kleingeschnittene Karotten 150 g kleingeschnittener Sellerie	*dämpfen, ablöschen, würzen, fast weich kochen*
Dinkelschrot Gemüse	

3 Eigelb	*mischen*
3 Eischnee	*darunter ziehen*
Masse	*in gefettete Gratinform füllen*
geriebenen Käse	*darüberstreuen*

Backen: 220 °C, 30 Minuten, 1. Schiene

Dinkelgrützeauflauf mit Käsekruste

1 Eßlöffel Butter	*erwärmen*
1 gehackte Zwiebel	*dämpfen*
150 g Dinkelgrütze	*mitdämpfen*
750 ml Wasser	*ablöschen*
1 Eßlöffel Hildegard-Würze	*beigeben*
150 g Karotten	*in feine Scheiben schneiden, beigeben*
1/2 Kaffeelöffel Salz 1 Messerspitze Galgant 1 Messerspitze Bertram	*zum Abschmecken* *Kochzeit: 20 Minuten*
50 g Reibkäse 150 ml Rahm 2 Eßlöffel gehackte Petersilie 2 Eigelb 2 Eischnee	*unter leicht ausgekühlte Dinkelgrütze mischen, in gefettete Gratinform füllen*
50 g Reibkäse	*darauf streuen*

Backen: 200 °C, 15 - 20 Minuten, 1. Schiene

Dinkelgrützeauflauf mit Fenchel

2 - 4 Fenchel	*schälen, halbieren, knapp weichsieden*
1/2 Eßlöffel Butter	*erwärmen*
1 Zwiebel, gehackt	*dämpfen*
200 g Dinkelgrütze	*beifügen, mitdünsten*
600 ml heißes Wasser	*ablöschen*
1 Eßlöffel Hildegard-Würze	*beifügen*
Grütze	*10 Minuten köcheln, anschließend etwas quellen lassen*
80 g Käse, gerieben 2 Eigelb 1 Messerspitze Mutterkümmel 1 Messerspitze Ysop	*beifügen, mischen*
2 Eischnee	*darunterziehen*
Masse	*in bebutterte Gratinform füllen*
gekochte Fenchel	*darauf verteilen*
Butterflocken geriebenen Käse	*daraufstreuen*

Backen: 200 °C, 30 - 35 Minuten, 1. Schiene

Fenchelauflauf

4 Fenchel	*schälen, in Streifen schneiden, fast weichkochen, in gefettete Gratinform füllen*
2 Eßlöffel Butter	*erwärmen*
60 g Dinkelvollkornmehl	*dämpfen*
600 ml Gemüsebrühe oder Milch	*ablöschen, Kochzeit: 5 Minuten*
Muskat Salz Streuwürze 2 Eßlöffel geriebener Käse 2 Eigelb	*daruntermischen*
2 Eischnee	*darunterziehen*
Sauce	*über den Fenchel gießen*
1 Eßlöffel Butter 2 Eßlöffel Semmelbrösel	*leicht rösten, daraufgeben*

Backen: 200 °C, 25 Minuten, 1. Schiene

> Tip: *Nach Belieben abwechslungsweise kleingeschnittenes Bündnerfleisch mit dem Fenchel einfüllen.*

Dinkelgrieß-Schnitten

1 Liter Milch 12 Eßlöffel Salz	*sieden*
200 g Dinkelgrieß	*einrühren, unter Rühren 5 - 7 Minuten kochen*
Grießbrei	*von der Platte nehmen*
2 Eier	*beigeben, gut mischen*
Brei	*in ausgespülte Form füllen oder auf abgespültes Brett etwa 1,5 cm dick ausstreichen, erkalten lassen, in Scheiben schneiden*
1 Ei	*verrühren*
Schnitten	*darin wenden, backen*

Tip:
- *Für gesüßte Grieß-Schnitten 1/4 Eßlöffel Salz und 1 Eßlöffel Vollrohrzucker in die Milch geben.*
- *Nach dem Backen mit Vollrohrzucker oder mit Zimt-Vollrohrzucker bestreuen.*

Dinkelgrieß-Klöße

1 Liter Milch 1 1/2 Kaffeelöffel Salz	*zum Kochen bringen*
220 g Grieß	*einrühren, zu festem Brei kochen, etwas auskühlen lassen*
3 Eier	*gut daruntermengen*

2 Liter Wasser	*zum Sieden bringen*
2 gestrichene Eßlöffel Salz	*beifügen*
Grießbrei	*in Spritzsack füllen, Tülle 8 mm, kurze Würstchen ins Wasser schneiden, ca. 5 Minuten ziehen lassen, anrichten*
mit geriebenem Käse	*überstreuen*
Beilage: Salat oder Kompott	

Pikante Dinkelschrot-Schnitten

1/2 l Wasser 1/2 l Milch 1/2 Eßlöffel Salz	*sieden*
150 g Dinkelschrot	*einrühren, 5 Minuten kochen, dann*
50 g Dinkelgrieß	*etwa 20 Minuten quellen lassen*
1 Kaffeelöffel Mutterkümmel 50 g geriebener Käse	*zufügen, mischen, 1,5 cm dick auf abgespültes Küchenbrett*

2 Eier 1 Messerspitze Paprika	*ausstreichen, erkalten lassen, in Rechtecke schneiden*
Schnitten	*langsam anbraten*
Süße Dinkelschrotschnitten:	
Statt Gewürze und Käse 1 Prise Salz 50 g gehackte Mandeln 2 Eßlöffel Honig oder Birnendicksaft	

Tip: *Brei in kalt ausgespülte Kuchenform füllen, glattstreichen, 5 - 6 Stunden kaltstellen, stürzen. Stollen in 1,5 cm dicke Schnitten schneiden, anbraten.*

Dinkelbacklinge

50 g Dinkelflocken 150 g feiner Dinkelschrot 500 ml Wasser	*unter Rühren aufkochen*
1 gestrichener Kaffeelöffel Hildegard-Würze 1/4 Kaffeelöffel Salz	*beigeben*
Brei	*10 Minuten kochen lassen, 10 Minuten nachquellen*
Brei	*auskühlen lassen*
2 Eier 80 g geriebener Käse 5-6 Eßlöffel feine Dinkelflocken	

oder 4 Eßlöffel Dinkelweißmehl 1 Messerspitze Kümmel Gewürz	*beigeben, alles gut mischen, Brei nochmals etwas stehen lassen*
Teig	*zu Plätzchen formen*
in Sesam oder gemahlenen Mandeln	*wenden, langsam anbraten, bis sie knusprig sind*

Tip: *Wenn der Teig zu feucht ist, kann man ihn löffelweise abstechen und in der Pfanne runde Plätzchen formen.*

Dinkelküchlein

1 Eßlöffel Butter	*erwärmen*
1 Zwiebel, in Würfel geschnitten	*dämpfen*
250 g Dinkelschrot einige Rosmarinnadeln, zerkleinert	*beigeben, dämpfen*
500 ml Wasser	*beigeben, aufkochen, dann 20 Minuten*
1 Eßlöffel Hildegard-Würze 100 g Mandeln, gehackt, evtl. geröstet 2 Eier	*quellen lassen* *beigeben, gut mischen*
eventuell etwas Meersalz	*zum Abschmecken*
Masse	*zu kleinen Küchlein formen*
in Butter	*goldgelb backen*

Dinkelgrütze-Plätzchen

1 Eßlöffel Butter	*erwärmen*
1 Zwiebel, fein gehackt	*dämpfen*
200 g Dinkelgrütze	*mitdämpfen*
600 ml Wasser	*beigeben, 20 Minuten auf kleinem*
1/2 Eßlöffel Hildegard-Würze	*Feuer kochen, vom Feuer nehmen*
2 Eier	
2 Eßlöffel Dinkelvollkornmehl	*beigeben, gut vermischen*
Grütze	*etwas auskühlen lassen*
1 Bund Schnittlauch, geschnitten	*dazugeben, gut mischen, kleine*
50 g Sbrinz, gerieben	*Plätzchen formen*
Butter	*erwärmen*
Plätzchen	*beidseitig knusprig backen*

Dinkelflocken-Küchlein

150 g Karotten	
150 g Sellerie	
50 g Bohnen	*in Würfel schneiden*
30 g Butter	*erwärmen*
30 g Gemüse	*beigeben, dämpfen*
200 ml Wasser	
1 Kaffeelöffel Hildegard-Würze	

1 Prise Pfeffer	*beigeben, Kochzeit ca. 10 Minuten*
150 g Dinkelflocken	*daruntermischen, auskühlen lassen*
3 Eier	*beigeben*
Flockenbrei	*stehenlassen, bis alle Feuchtigkeit aufgesogen ist*
2 Eßlöffel gehackte Kräuter, Petersilie, Schnittlauch, Kerbel	*beimischen, eventuell nachwürzen*
Butter	*erwärmen*
Masse	*löffelweise beigeben, flachdrücken, beidseitig goldgelb braten*

Kichererbsen im Dinkelflockenmantel

100 g Kichererbsen 1/2 l Wasser, lauwarm	*über Nacht einweichen*
eingeweichte Kichererbsen	*10 Minuten im Dampfkochtopf sieden, abtropfen lassen, leicht zerdrücken*
weichgekochte Kichererbsen 200 g Dinkelflocken 2 Eier 100 g Magerquark 100 ml Milch 1 Eßlöffel Hildegard-Würze	

1/2 Kaffeelöffel Salz Muskat Mutterkümmel	*mischen, 2-3 Stunden ziehen lassen*
Bratbutter	*in der Bratpfanne erhitzen*
Masse	*zu ›Beefsteaks‹ formen, beidseitig goldgelb braten*

Tip: *›Beefsteaks‹ mit kleingeschnittenem Bündnerfleisch, geraffelten Karotten oder (und) mit gehackter Petersilie anreichern.*

Dinkel-Rösti

300 g Schalenkartoffeln vom Vortag	*schälen, mit Röstireibe raffeln*
1 1/2 Eßlöffel Butter	*erwärmen*
1 Zwiebel, gehackt	*kurz dämpfen*
Kartoffeln	*beigeben, auf kleinem Feuer hellbraun backen*
1/2 Kaffeelöffel Salz 1/2 Kaffeelöffel Hildegard-Würze	*würzen*
200 g Dinkelkörner, weichgekocht 2 Eßlöffel Petersilie, gehackt etwas Salbei, Basilikum, Dill, gehackt 1 Knoblauchzehe, gepreßt	*beigeben, mischen*

1 Ei	*beigeben, mischen (flachdrücken, so daß eine runde, kompakte Form entsteht), zugedeckt auf mittlerem Feuer backen, bis eine Kruste entsteht*
50 g Sbrinz, gerieben	*auf vorgewärmte Platte*
Dinkel-Rösti	*stürzen*

Kräuteromelett

100 g Dinkelweißmehl	*in eine Schüssel sieben*
400 ml Mineralwasser, natur	
4 Eier	*beigeben, tüchtig verrühren*
2 Eßlöffel Petersilie, gehackt	
2 Eßlöffel Schnittlauch, geschnitten	
1 Eßlöffel Kerbel, gehackt	
1 Kaffeelöffel Salz	
Pfeffer, Muskat	*daruntermischen*
in wenig Bratbutter	*8 dünne Omelette backen*

Omelett mit Kernotto

1 Liter Wasser	
1 Eßlöffel Salz	*sieden*
200 g Kernotto	*beigeben, 10 Minuten köcheln lassen, etwa 20 Minuten ziehen lassen, Wasser abschütten*

1 Eßlöffel Hildegard-Würze	
1 Eßlöffel Petersilie, gehackt	
2 Eßlöffel Käse, gerieben	
3 Eßlöffel Dinkelvollkornmehl	*zum Kernotto geben*
3 Eier	*verquirlen*
300 ml Mineralwasser natur	*beigeben, verrühren, zum Kernotto beigeben*
Bratbutter	*erwärmen*
Omelett	*bei mäßiger Hitze goldgelb backen*

Kürbispfannkuchen

200 g feinen Dinkelschrot	
2 Eßlöffel Rahm	
2 Kaffeelöffel Salz	
4 Eier	*in eine Schüssel geben*
250 g Kürbis	*fein raffeln, beigeben*
2 Eßlöffel Sonnenblumenkerne	
1 Messerspitze Ysop	
1 Messerspitze Bertram	
1 Messerspitze Quendel	
1 Messerspitze Fenchel	
1 Messerspitze Galgant	*dazugeben, alle Zutaten gut vermischen*
in erwärmter Butter	*5 - 6 Pfannkuchen backen*
Beilage: Blatt- oder Wurzelsalat	

Dinkelcrêpes mit Kräutersauce

120 g Dinkelvollkornmehl	*in eine Schüssel geben*
200 ml Milch 4 Eier 1 Kaffeelöffel Salz 1 Messerspitze Pfeffer 1 Messerspitze Muskat	*beigeben, Teig glattrühren, 1 Stunde zugedeckt ruhen lassen*
Bratbutter	*erwärmen*
Crêpes	*ausbacken, überschlagen, anrichten*
Bunte Kräutersauce	*darübergießen.*

> Tip: *Sellerie, Karotten, Fenchel in Würfel schneiden. In wenig Flüssigkeit weichdämpfen, würzen. 2 - 3 Eßlöffel Rahm beifügen. Gemüse auf die gebackenen Crêpes verteilen, Crêpes aufrollen.*

Dinkelblinis

20 g Hefe, zerbröckelt 160 ml Milch, lauwarm	*auflösen*
100 g sauren Halbrahm 1 Kaffeelöffel Vollrohrzucker	

2 Eigelb	
1/2 Kaffeelöffel Salz	*zugeben*
200 g Dinkelvollkornmehl	*beigeben, zu einem glatten Teig verarbeiten; zugedeckt 20 Minuten gehen lassen*
2 Eiweiß	
1 Prise Salz	*steifschlagen*
1 Kaffeelöffel Vollrohrzucker	*dazu geben*
Eischnee	
Hefeteig	*sorgfältig mischen*
ca. 12 Blinis	*in ausgebuttertes Pfännchen (Ø 8 cm) geben, ausbacken*

Tip:
- *Blinis sofort nach dem Backen und nicht zugedeckt servieren.*
- *Dazu paßt Kräuterrahm.*

Gemüsestrudel mit Kräutersauce

1 Eßlöffel Butter	*erwärmen*
100 g Karottenwürfel	
100 g Selleriewürfel	
50 g Fenchelwürfel	
100 g Bohnen, gewürfelt	*dämpfen*
mit 250 ml Gemüsebouillon	*ablöschen, eventuell nachwürzen*
Gemüse	*knapp weichkochen, zum Abtropfen und Auskühlen auf ein Sieb geben*

Gemüsebrühe	*auffangen*
Füllung:	
1 Eigelb, 1 Ei	*schaumig rühren*
40 g Butter, flüssig 150 g Speisequark	*nach und nach beigeben, gut rühren*
80 g Dinkelflocken 2 Eßlöffel Kerbel, gehackt 2 Eßlöffel Petersilie, gehackt 30 g Kürbiskerne Salz, Pfeffer, Muskat	*beigeben, 1/2 Stunde quellen lassen*
Gemüsewürfel	*beigeben, mischen*
Strudelteig	*zu einem großen Rechteck auswellen und ausziehen*
Füllung	*auf das vordere Drittel des Teiges als Streifen anhäufen*
Teig	*einmal überschlagen*
mit flüssiger Butter	*bestreichen, weiter aufrollen und immer wieder bestreichen, bis der Strudel fertig aufgerollt ist*
seitliche Teigenden	*zum Verschließen unter den Strudel legen*
Strudel	*auf Backblech legen*
1 Eigelb, 1 Eßlöffel Rahm	*mischen, Strudel damit bestreichen*

2 Eßlöffel Sesamkörner	*darüber streuen*

Backen: 200 °C, ca. 25 Minuten, 2. Schiene

> Tip: *Kräutersauce dazu servieren.*

Süße Gerichte

Dinkelgrießbrei

1 Liter Milch	
2 Eßlöffel Vollrohrzucker	
20 g Butter	
1 Prise Salz	*aufkochen*
100 g Dinkelgrieß	*unter Rühren einlaufen lassen, bei kleiner Hitze zu dickflüssigem Brei einkochen lassen, anrichten*
1 Eßlöffel Vollrohrzucker	
1/2 Kaffeelöffel Zimt	*mischen, darüberstreuen*

Dinkelreisbrei

1/2 Liter Wasser	
30 g Vollrohrzucker	
1/3 Kaffeelöffel Salz	
1/2 Kaffeelöffel Vanille	
1 Eßlöffel Butter	*zum Kochen bringen*

250 g Kernotto	*einrühren, auf kleiner Flamme unter gelegentlichem Rühren weichkochen, Kochzeit ca. 50 Minuten*
Beilage:	
Kirschen- oder Birnenkompott, oder	
Himbeersauce:	
500 g Himbeeren 50 g Vollrohrzucker Saft von 1 Orange 2 Eßlöffel Grand Marnier	*mixen und eventuell durch ein Sieb streichen, damit die Körnchen zurückbleiben*

Süßer Dinkelreis

700 ml Milch oder Wasser	*sieden*
200 g Kernotto	*beifügen, 10 Minuten köcheln lassen, etwa 20 Minuten quellen lassen*
übrige Flüssigkeit	*abgießen*
Kernotto	*erkalten lassen*
1 Prise Salz 1 Zitronenschale, abgerieben 1-2 Eßlöffel Honig oder Ahornsirup	*beigeben, mischen.*
150 ml Rahm, leicht geschlagen	*darunterziehen*

Dinkelreis	*anrichten*
1 Eßlöffel Vollrohrzucker 2 Messerspitzen Zimt	*mischen, darüber streuen*

Tip: *Kann auch warm serviert werden.*

Dinkelbrei — warm oder kalt

1 Liter Milch, 1 Prise Salz	*sieden*
60 g Dinkelschrot 60 g Dinkelgrieß	*einrühren,* *Kochzeit: 10 Minuten*
2 Eßlöffel Birnendicksaft 2 Eßlöffel Sultaninen 1/4 Kaffeelöffel Zimt 1 Messerspitze Vanille 1 Messerspitze Galgant	*beigeben und durchrühren*
Beilage: Vanillesauce oder Früchtekompott	

Dinkelgrütze

160 g Dinkelgrütze 200 ml kaltes Wasser	*3 Stunden quellen lassen*
800 ml Milch 1 gestrichener Kaffeelöffel Salz Grütze	*25-30 Minuten kochen oder* *10 Minuten kochen,* *30 Minuten quellen lassen*
200 ml Rahm	

2 Eßlöffel Vollrohrzucker	*mischen, dazu servieren*
oder	
2 Eßlöffel Vollrohrzucker	
1/2 Kaffeelöffel Zimt	*mischen, darüber streuen*

Kernotto-Plätzchen

100 g Dinkel-Kernotto	*weichsieden, ca. 20 Minuten*
4 Eigelb 4 Eßlöffel Öl 1 Prise Salz	*schaumig rühren*
1/3 Kaffeelöffel Zimt 2 Eßlöffel Vollrohrzucker 2 Eßlöffel geriebene Mandeln 2 geriebene Äpfel gekochter Kernotto	*daruntermischen*
4 Eischnee	*darunterziehen*
Butter	*erwärmen*
Masse	*löffelweise beigeben und beidseitig anbraten*

Feines Omelett

40 g Dinkelweißmehl 1/2 Kaffeelöffel Salz 2 Eßlöffel Vollrohrzucker 200 ml Mineralwasser natur 8 Eigelb	*gut vermischen*
8 Eiweiß	*schaumig rühren, darunter ziehen*
in Bratbutter	*ca. 8 Omeletts backen*
500 g Himbeeren	*leicht zerdrücken, eventuell süßen, auf die Omelette verteilen, einrollen*

Omelett mit Dinkelgrieß

160 g Dinkelgrieß 700 ml Milch	*in eine Schüssel geben, 1 Stunde quellen lassen*
100 g Dinkelweißmehl 5 Eigelb 1/2 Kaffeelöffel Salz	*beigeben, gut mischen*
5 Eischnee	*darunter ziehen*
Butter	*erwärmen*
Omelett	*goldgelb backen*
mit Zimt und Vollrohrzucker	*bestreuen*
oder mit Konfitüre	*bestreichen, rollen*

Tip:
- *Apfelomelett: 4-5 geschälte Äpfel in Scheiben schneiden, unter den Teig mischen.*
- *Käseomelett: Käsewürfel unter den Teig mischen oder Fonduekäse auf die gebackenen Omelette legen, einrollen.*

Dinkelzwiebackauflauf mit Apfelmus

160 g Dinkelzwieback	
400 g Apfelmus	*in gefettete Gratinform schichten*
2 Eßlöffel Rosinen	*(unten und oben eine Lage Zwieback)*
Guß:	
2 Eier	
1/2 l Milch	
2 Eßlöffel Bienenhonig	
1 Zitrone, Schale	
1/4 Kaffeelöffel Zimt	*mischen, darüber gießen*
einige Butterflocken	*darauf verteilen*

Backen: 200 °C, ca. 30 Minuten, 1. Schiene

Tip: *Sollte der Zwieback oben zu dunkel werden, Form mit Alufolie abdecken.*

Dinkelschrotgratin mit Früchten

50 g Dinkelkörner	*waschen, über Nacht einweichen. Am Morgen 20 Minuten kochen und 1 Stunde quellen lassen*
1/2 Liter Milch 1/2 Liter Wasser	*sieden*
250 g Dinkelschrot	*einrühren, kochen, bis ein fester Teig entsteht*
Schrotbrei Dinkelkörner 2 Eßlöffel Vollrohrzucker 1 Kaffeelöffel Zimt 2 Prisen Salz 1 Zitrone, Schale und Saft	*mischen*
die Hälfte der Masse	*in gefettete Gratinform geben*
1 Lage Früchte, ca. 500 g (z.B. Johannisbeeren, Kompottbirnen) (eventuell etwas Vollrohrzucker)	*daraufgeben*
restliche Masse	*darauf verteilen*

Backen: 200 °C, ca. 25 Minuten, 2. Schiene

Dinkelschrotauflauf mit Quark

1/2 l Milch	*10 Minuten kochen, dann 20 Minuten quellen*
120 g Dinkelschrot	*lassen*
200 g Quark 5 Eßlöffel Milch 1 Prise Salz 2 Eigelb 2-3 Eßlöffel Honig oder Birnendicksaft	*mischen*
gekochten Dinkelschrot 100 g Sultaninen 1 Zitrone, Schale und Saft	*beifügen*
2 Eischnee	*darunterziehen*
Masse	*in ausgebutterte Gratinform füllen*

Backen: 180 °C, ca. 30 Minuten, 1. Schiene

> Tip: *Man kann lagenweise vorbereitete Früchte mit einfüllen. Backzeit um 5 Minuten verlängern.*

Dinkelgrießauflauf meringuiert

3/4 Liter Milch 1/2 Vanillestange	*sieden*
3 Eßlöffel Vollrohrzucker	*mischen, einrühren, zu einem dicken Brei*
120 Dinkelgrieß	*kochen*
1 Prise Salz	

3 Eigelb 1/2 Kaffeelöffel Zimt 1 Zitronenschale	*unter den heißen Brei rühren*
500 g Äpfel	*schälen, in Scheiben schneiden*
1 Eßlöffel Butter	*erwärmen*
Apfelscheiben 1/2 Eßlöffel Vollrohrzucker 3/4 Eßlöffel Süßmost	*beigeben, zugedeckt halbweich dämpfen*
Brei	*lagenweise in gefettete Auflaufform füllen.*
Apfelscheiben	*letzte Lage Brei.*
3 Eiweiß	*sehr steif schlagen*
30 g Vollrohrzucker	*darunterschlagen*
30 g Vollrohrzucker	*darunterziehen*
Eiweißmasse	*darauf geben*

Backen: 170 °C, ca. 30 Minuten, unterste Schiene

Grießwürfel-Auflauf

250 ml Wasser 1/2 l Milch 1/2 Kaffeelöffel Salz 1 Eßlöffel Vollrohrzucker	*sieden*
180 g Dinkelgrieß	*einrühren, zu dickem Brei kochen*

1-2 Eier	*beigeben, gut vermischen*
Grießbrei	*auf abgespültes Blech streichen, erkalten lassen, in Würfel schneiden*
Grießwürfel	*in gefettete Gratinform geben*
Eierguß	*beigeben*

Backen: 200 °C, 30-40 Minuten, 1. Schiene

Eierguß:	
3 Eier	*verquirlen*
200 ml Rahm oder Milch 2 Eßlöffel Vollrohrzucker 1 Löffelspitze Vanille	*beigeben, gut vermischen*

> Tip: *Vollrohrzucker und Vanille weglassen, dafür mit Salz, Muskat und wenig Pfeffer würzen; Eierguß mit 50 g Reibekäse anreichern.*

Quarkauflauf mit Saisonobst

4 Eigelb 100 g Vollrohrzucker	*schaumig rühren*
80 g weiche Butter 50 g Dinkelgrieß	*beifügen, mitrühren*
500 g Magerquark 3 Eßlöffel Zitronensaft 1 gestrichener Eßlöffel Backpulver	*beigeben, gut verrühren*

4-5 große, kleingeschnittene Äpfel oder andere Früchte	*unter den Brei mischen*
4 Eischnee	*darunterziehen*
Masse	*in gefettete Gratinform füllen*
gehackte Mandeln	*darüberstreuen*

Backen: 180 °C, 60 Minuten, 1. Schiene

Quarkauflauf mit Dörrobstfrüchten

400 ml Milch 200 g Dinkelschrot	*aufkochen und 4 Stunden nachquellen lassen*
200 g Dörrfrüchte (Äpfel, Birnen, Aprikosen)	*4 Stunden einweichen (mit Wasser decken)*
ausgekühlter Dinkelschrotbrei 1 Prise Meersalz 200 g Rahmquark 3 Eigelb 1 Zitrone (geriebene Schale) 2-3 Eßlöffel Birnendicksaft oder Vollrohrzucker	*mischen*
3 Eischnee	*darunterziehen*
die Hälfte der Dinkelmasse	*in gefettete Auflaufform füllen*
abgetropfte Dörrfrüchte	*zerschneiden, darauf verteilen*

Rest der Dinkelmasse	*darüber verteilen*
einige Butterflocken	*darüber verteilen*

Backen: 190 °C, ca. 30 Minuten, 2. Schiene

Nußauflauf mit Äpfeln

4-6 mittelgroße, weiche Äpfel	*schälen, aushöhlen*
Mit Sultaninen	*füllen*
4 Eigelb 100 g Rohrzucker 4 Eßlöffel heißes Wasser	*schaumig rühren*
100 g gemahlene Mandeln 60 g Dinkelschrot 1 Prise Salz 1 Messerspitze Vanille 1 Eßlöffel Rum	*beigeben, gut mischen*
4 Eischnee	*darunterziehen*
die Masse	*in gefettete Gratinform geben*
die Äpfel	*einsetzen*

Backen: 175 °C, ca. 40 Minuten, 2. Schiene

Beilage:

Vanillesauce

Tip: *Harte Äpfel zuerst in Zuckerwasser halbweich kochen.*

Dinkelvollkorn-Dampfnudeln

500 g Dinkelvollkornmehl	*in eine Schüssel geben, Kranz bilden*
20 g Hefe 250 ml lauwarme Milch	*auflösen, in den Mehlkreis geben, mit wenig Mehl einen Vorteig machen, 15 Minuten gehen lassen*
2 Eier 90 g Vollrohrzucker 1 Kaffeelöffel Vanille 1 Prise Salz	*schaumig rühren, beigeben*
1 abgeriebene Zitronenschale 90 g geschmolzene Butter	*dazugeben, kneten, bis sich der Teig von der Schüssel löst, zugedeckt 20 Minuten gehen lassen*
250 ml Milch 60 g Butter 40 g Vollrohrzucker	*in der gefetteten Gratinform erwärmen*
Teig	*zu Kugeln formen, in die Form setzen, gehen lassen*

Backen: Auf dem Herd, zugedeckt bei schwacher Hitze, im Ofen 190 °C, 30-35 Minuten, 1. Schiene

Tip: *Mit Vanillesauce und Früchtekompott servieren.*

III. Beilagen

1. Salate

Grundrezept für ganze Dinkelkörner

2 Tassen Dinkelkörner	*waschen, oben aufschwimmende Spelzen entfernen*
4 Tassen kaltes Wasser	*beigeben*
Körner	*über Nacht einweichen*
Besteckte Zwiebel 1 Kaffeelöffel Meersalz	*beigeben*
Körner	*je nach Wunsch 10-30 Minuten weichkochen, nachquellen lassen*

Tip: *Jeder Blattsalat, alle Wurzelsalate, sowie Gurken- und Tomatensalat können mit ganzen, weichgekochten Dinkelkörnern bereichert werden.*

Dinkelkörnersalat

3 Eßlöffel Speisequark 1 Eßlöffel Mandelpüree 1/2 Kaffeelöffel Hildegard-Würze 1 Messerspitze Ysop 1 Messerspitze Meersalz 2 Eßlöffel Weinessig	*gut sämig rühren*
2 Tassen gekochte Dinkelkörner	*beifügen, mindestens* *1 Stunde ziehen lassen*

Dinkelkörnersalat mit Kräutern

200 g weichgekochte Dinkelkörner 100 g Tilsiterwürfel 2 hartgekochte, kleingeschnittene Eier 1 Eßlöffel Schnittlauch 1 Eßlöffel Petersilie etwas Dill und Liebstöckel	*sorgfältig mit der Sauce ver-* *mischen, nach Belieben auf* *Kopfsalatblätter anrichten*
Quarksauce:	
Etwas Salz Streuwürze 2 Eßlöffel Zitronensaft 1/2 Kaffeelöffel Senf	*gut rühren, bis sich die* *Gewürze* *gelöst haben*
4 Eßlöffel Rahm 4 Eßlöffel Quark	*zugeben, gut verrühren*

Würziger Dinkelkörnersalat

150 g Dinkelkörner	*8 Stunden einweichen, 10 Minuten kochen lassen, 1 Stunde nachquellen lassen*
2 Birnen	*weichkochen, in Würfel schneiden*
100 g Weichkäse 1/2 Joghurt natur 1 Prise Salz 1 Prise Zucker 1 Messerspitze Bertram	*verrühren*
Dinkelkörner Birnenwürfel	*beigeben, gut durchziehen lassen*

Körnersalat im ›roten Mantel‹

50 g Dinkelkörner 500 ml Wasser	*über Nacht einweichen, dann 20 Minuten kochen, nochmals einige Stunden quellen lassen*
3 Eßlöffel Rahmquark 1 Eßlöffel Zitronensaft 1 Eßlöffel Schnittlauch 2 Salbeiblätter	*gut vermischen*
50 g Weichkäse	*in Würfel schneiden*
Dinkelkörner Käsewürfel	*in die Quarksauce geben, mischen*
8 Tomaten	*aushöhlen, würzen*

Salat	*einfüllen*
mit Petersilie	*garnieren*

Tip: *Salat auf kleine Kopfsalatblätter anrichten.*

Bunter Kopfsalat

1/2 Kopfsalat 3 Radieschen 1 Karotte	*waschen, zerkleinern*
Küchenkräuter evtl. 2-3 Akeleiblätter (grün)	*verwiegen*
Salatsauce:	
1 Prise Salz 1 Prise Vollrohrzucker evtl. 1 Kaffeelöffel Senf 4 Eßlöffel Weinessig	*gut verrühren*
2 Eßlöffel Sonnenblumenöl 4 Eßlöffel Quark	*beigeben, zu einer sämigen Sauce rühren*
Radieschen, Karotten Küchenkräuter 1 Tasse weichgekochte Dinkelkörner	*in die Sauce geben, mehrere Stunden durchziehen lassen*
Kopfsalat	*vor dem Servieren sorgfältig daruntermischen*

2. Saucen

Kräuterrahm

200 ml sauren Halbrahm Salz, Pfeffer 1 Kaffeelöffel Kerbel, gehackt 1 Kaffeelöffel Estragon, gehackt 2 Eßlöffel Petersilie, gehackt 2 Eßlöffel Schnittlauch, gehackt 2 Eßlöffel Zwiebeln, gehackt	*mischen und zu den Dinkelblinis servieren*

Schnittlauchsauce

1 Eßlöffel Butter	*erwärmen*
30 g Dinkelweißmehl	*dämpfen*
1/2 l Wasser	*ablöschen, 10 Minuten leicht köcheln lassen*
1/2 Kaffeelöffel Salz 1/2 Kaffeelöffel Essig 1 Prise Vollrohrzucker Streuwürze	*beigeben, vermischen*
2 Eßlöffel sauren Rahm 2 Eßlöffel Schnittlauch etwas Petersilie	*vor dem Servieren beigeben*

Tip: *Diese Sauce paßt gut zu den verschiedenen Dinkelküchlein.*

Zwiebelsauce

30 g Butter	*erwärmen*
1 Kaffeelöffel Zucker	*hellgelb rösten*
4 kleingeschnittene Zwiebeln	*beigeben, leicht bräunen*
Zwiebeln	*herausnehmen*
50 g Dinkelweißmehl	*hellbraun rösten*
800 ml Wasser	*unter Rühren zufügen*
Zwiebeln	*wieder beigeben*
1 Kaffeelöffel Salz	
Gewürze	*zum Abschmecken*
1 Eßlöffel Rotwein	*Kochzeit: 20-30 Minuten*

Tip: *Zwiebelsauce zu Dinkelschrot-Küchlein servieren.*

Bunte Kräutersauce

180 g sauren Halbrahm	*in eine Pfanne geben*
2 Eßlöffel gehackte Kräuter (Petersilie, Schnittlauch, Estragon, Kerbel)	
1 kleine Zwiebel, feingehackt	
1 Eßlöffel rote Peperoni,	

kleinwürfelig 2 Prisen Salz	*beigeben, erwärmen,* *anrichten*

Rindfleischsauce

2 Eßlöffel Sonnenblumenöl	*im Brattopf erhitzen*
250 g Rindfleisch, feingehackt	*allseitig gut anbraten, etwas* *zusammenschieben*
1 Zwiebel gehackt 1 Knoblauchzehe, gepreßt 20 g getrocknete Steinpilze oder Herbsttrompeten, kurz eingeweicht, abgetropft, zerschnitten	*beigeben, kurz andämpfen*
1 kleiner Sellerie, feingewürfelt 1 Karotte, feingewürfelt 1 Bund Petersilie, feingehackt Etwas Rosmarin, Oregano Basilikum, feingehackt	*beigeben, mitdämpfen*
1 Eßlöffel Tomatenpüree	*beigeben*
100 ml Rotwein	*ablöschen, 3/4 einkochen* *lassen*
400 ml Wasser	*ablöschen*
1 Eßlöffel Hildegard- Würze 1 Kaffeelöffel Meersalz	*beigeben, auf kleinem Feuer* *45-60 Minuten köcheln* *lassen*
Wasser	*nach Bedarf nachgeben*

Tip:
- *Sauce zu Teigwaren, Knöpfle oder Kernotto servieren.*
- *150 g Rindfleisch zubereiten, zum Gemüse noch 50 g Dinkelgrütze mitdämpfen.*

Gratinsauce

1 Eßlöffel Butter	*erwärmen*
2 Eßlöffel Dinkelweißmehl	*beigeben, kurz dünsten*
200 ml Kochflüssigkeit	*beigeben, glatt rühren, unter Rühren 2-3 Minuten köcheln lassen*
Sauce	*vom Herd nehmen*
1 Becher saurer Halbrahm (180 g)	*beigeben, glatt rühren*
Etwas Dill, gehackt	
1 Bund Schnittlauch, geschnitten	
1 Messerspitze Muskat	
1 Eßlöffel Hildegard-Würze	*beigeben*

Tip:
- *Die Sauce kann für alle Gemüsegratins (Fenchel, Kürbis, Sellerie etc.) verwendet werden.*
- *Je nach Belieben mit geriebenem Käse (Greyerzer, Appenzeller, Raclette oder Sbrinz) anreichern.*

Rotweinsauce (süß)

150 ml Wasser 50-60 g Vollrohrzucker 1 Kaffeelöffel Zitronensaft 1 kleines Stück Zimtstengel 1 kleine Gewürznelke	*10 Minuten köcheln lassen, absieben*
Flüssigkeit	*in die Pfanne zurückgeben*
2 Eßlöffel Dinkelweißmehl	*in einer Schüssel miteinander glattrühren, unter Rühren einlaufen lassen*
Sauce	*4-5 Minuten köcheln lassen, gelegentlich rühren*

Tip: *Sauce zu Puddings und Grieß-Schnitten servieren.*

IV. Dessert

1. Müesli

Obstsalat mit Dinkelkörnern

100 g Dinkelkörner	*gut waschen*
1/2 Liter Wasser	*beigeben, 6-8 Stunden einweichen*
1/4 Kaffeelöffel Salz	*beigeben, 10-20 Minuten kochen, anschließend 10 Minuten quellen lassen*
2 Äpfel 2 Orangen 1 Banane	*schälen, in Scheiben schneiden, beigeben*
1 Zitronenschale 1 Eßlöffel Zitronensaft 2 Eßlöffel Birnendicksaft 100 g gewaschene Rosinen 50 g gehackte Mandeln 1 Messerspitze Vanille	*beigeben, mischen, etwa 1 Stunde zugedeckt ziehen lassen*

Frischkornmüesli

100 g Dinkelschrot	*in eine Schüssel geben*
300 ml siedende Milch oder siedendes Wasser	*dazugeben, umrühren, 1 Stunde quellen lassen*
3 Eßlöffel Sultaninen	*in etwas Wasser 1 Stunde einweichen*
3 Eßlöffel gehackte Mandeln eingew. Sultaninen 5-6 Eßlöffel Rahm oder Sauerrahm 1-2 Eßlöffel Birnendicksaft 1-2 Eßlöffel Zitronensaft	*beigeben, vermischen*
5-6 Äpfel	*hineinreiben*
mit verschiedenen Früchten	*bereichern*

Fruchtmüesli mit Dinkelflocken

100 g Dinkelflocken	*in eine Schüssel geben*
300 ml siedendes Wasser	*darübergießen, zugedeckt 1 Stunde quellen lassen*
2 Äpfel verschiedene Früchte	*in Würfel schneiden, beigeben*
2-3 Eßlöffel Rosinen 4 Eßlöffel gehackte Mandeln 1-2 Eßlöffel Vollrohrzucker oder Ahornsirup 1 Prise Salz 1/2 Zitronenschale und -saft	*beigeben, mischen, etwas ziehen lassen*
150 g Quark 100 ml Rahm, evtl. geschlagen	*beigeben, mischen, anrichten*
mit Früchten	*garnieren*

Schrotmüesli

150 g Dinkelkörner	*am Vorabend zu Schrot vermahlen*
150 ml Wasser	*beigeben, umrühren und bei Zimmertemperatur quellen lassen*
60 g Trockenfrüchte	*kleinschneiden, getrennt vom Schrot einweichen*
Dinkelschrot Trockenfrüchte Einweichwasser	

4-6 Eßlöffel Zitronensaft	*am Morgen vermischen*
1-2 Eßlöffel Honig 4 Eßlöffel Rahm oder 1 Banane, sämiggeschlagen	*beigeben*
400 g Äpfel oder 400 g Saisonfrüchte	*fein schneiden, daruntermischen*
Frischkornmüesli	*anrichten*
40 g gemahlene Mandeln	*daraufstreuen*

Tip:
- *Anstelle von Schrot Dinkelflocken verwenden! Flocken müssen nicht im voraus eingeweicht werden.*
- *Die Hälfte der Äpfel mit der Bircherraffel ins Müesli reiben.*

Frühstücksmüesli

1 Joghurt natur 100 ml Milch 2 Eßlöffel Wasser 1 Eßlöffel Dinkelvollkornmehl	*verrühren*
16 gedörrte Aprikosen oder 12 Datteln	*klein schneiden, beigeben, über Nacht im Kühlschrank quellen lassen*
4 Äpfel	*in Scheiben schneiden oder reiben, beigeben*
4 Eßlöffel Dinkelflocken oder	

4 Eßlöffel Dinkelvollwert-Müesli	*vor dem Essen dem Müesli beigeben*

Dinkelflockenmüesli kalorienarm

250 g Magerquark 2 Eßlöffel Sonnenblumenöl 100 ml Milch, lauwarm 2 Eßlöffel Vollrohrzucker	*ca. 1 Minute lang mixen*
2 Eßlöffel Zitronensaft	*beifügen*
4 Äpfel beliebige Früchte	*kleinschneiden, beigeben*
50-100 g Dinkelflocken	*beigeben, mischen, anrichten*

Tip: *Müesli mit 2-3 geraffelten Karotten anreichern.*

Dinkelflockenmüesli mit Fruchtsaft

100 g Dinkelflocken Saft von 3 Orangen (150 ml) 2 Eßlöffel Vollrohrzucker 300 g Rahmquark	*mischen*
3 Orangen	*in Scheiben schneiden, beigeben*

Joghurt-Kaltschale

2 Joghurt natur 2-3 Eßlöffel Vollrohrzucker 1 Zitrone, Schale und Saft	*mischen*
50 g Dinkelflockenmüesli	*beifügen*
Saisonfrüchte	*klein schneiden, beigeben, sofort mischen*
Früchte, Schlagrahm	*zum Garnieren*

Rohkosttorte

Springformrand Durchmesser 22 cm	*auf Tortenplatte stellen*
30 g feine Dinkelflocken	*hineingeben, verteilen*
Apfelfüllung	*einfüllen, flachstreichen*
Springformrand	*sorgfältig wegnehmen*
mit Schlagrahm	*die Torte bestreichen*
mit Früchten	*garnieren*
Apfelfüllung:	
2 Eßlöffel Vollrohrzucker Schale von 1 Zitrone 20-30 g feine Dinkelflocken 2 Eßlöffel grob gehackte Mandeln	*mischen*
1 kg Äpfel	*hineinreiben, oft umrühren*

Saisonfrüchte 1 Eßlöffel Sultaninen	*nach Belieben beigeben*

Dinkelmus zum Frühstück

800 ml Wasser	*sieden*
80 g Dinkelschrot oder Dinkelflocken	*einrühren, 5 Minuten* *kochen lassen*
2 geschälte Äpfel	*in feine Scheiben schneiden*
Apfelscheiben 1 Messerspitze Galgant 1 Messerspitze Bertram 3 Messerspitzen Zimt 1-2 Eßlöffel Honig	*beigeben, bei kleiner Hitze* *10 Minuten* *quellen lassen*
evtl. etwas Zitronensaft	*beimischen, anrichten*
1 Eßlöffel Flohsamen oder 1 Eßlöffel gehackte Mandeln oder	*daraufstreuen*
1 Eßlöffel Vollrohrzucker 2 Messerspitzen Zimt	*mischen, daraufstreuen*

2. Cremes

Apfelquarkcreme

40 g Dinkelvollkornmehl	*in die Pfanne geben, unter Rühren 2 Minuten kochen lassen*
400 ml Milch	
2 Eier	
4 Eßlöffel Vollrohrzucker	
1 Prise Salz	*gut vermischen, unter Rühren beigeben,*
100 ml Milch	*kurz aufkochen, anrichten*
Creme	*erkalten lassen*
250 g Quark	
1 Eßlöffelspitze Vanille	
Zitronenschale	
3 Eßlöffel Zitronensaft	*beigeben, gut vermischen*
evtl. etwas Birnendicksaft	
3-4 Äpfel	*reiben, mischen*
100 ml Schlagrahm	*darunterziehen*
mit Schlagrahm und Apfelschnitzen	*garnieren*

Orangenquarkcreme

75 g Dinkelschrot	
1/4 Liter Milch	*5 Minute sieden, 1 Stunde*
1 Prise Salz	*quellen lassen*
500 g Quark	

80 g Vollrohrzucker Saft von 3 Orangen 1 Löffelspitze Vanille	*beigeben, gut vermischen,* *anrichten,* *erkalten lassen*
mit Schlagrahm Orangenschnitzen	*garnieren*

Vanillecreme

800 ml Milch 80 g Vollrohrzucker 1 Eßlöffel Vanille	*sieden*
2 Eßlöffel Dinkelweißmehl 200 ml Milch	*in eine Schüssel geben,* *verschwingen*
3 Eier	*beigeben, verschwingen,* *unter Rühren in die sieden-* *de Milch einlaufen lassen*
Vanillecreme	*unter Rühren zum Kochen* *bringen, anrichten*

Tip:
- *Sofort 1 Kaffeelöffel Vollrohrzucker auf die angerichtete Creme streuen, verhindert die Hautbildung!*
- *150 ml Schlagrahm unter die erkaltete Creme ziehen.*

Kernotto-Früchteschaum

200 ml Milch, 200 ml Wasser, 1 Stück Zimtrinde u. 1 Prise Salz	*sieden*
100 g Kernotto	*beigeben, 15 Minuten köcheln lassen, etwa 20 Minuten zugedeckt quellen lassen*
400 g Himbeeren 1 Eßlöffel Ahornsirup oder Birnendicksaft	*beigeben, mixen, erkalten lassen*
2 Eiweiß	*schaumig rühren*
150 ml Rahm	*schlagen*
Früchtebrei, Eischnee und Schlagrahm	*sorgfältig mischen, anrichten*
Himbeeren	*zum Garnieren*

3. Puddings

Vanille-Pudding

100 g Dinkelweißmehl 200 ml Milch	*anrühren, 1/4 Stunde ruhen lassen*
4 Eier	*beigeben, verschwingen*
800 ml Milch	

80 g Vollrohrzucker 2 Kaffeelöffel Vanille	*sieden*
Eiermasse	*einrühren, unter Rühren aufkochen, von der Platte ziehen*
Zitronenschale 2 Eßlöffel Zitronensaft 2 Eßlöffel gemahlene Mandeln	*daruntermischen*
Masse	*in ausgespülte Puddingform füllen, nach völligem Erkalten stürzen*

Karamel-Pudding

100 g gemahlene Mandeln	*rösten*
100 g Vollrohrzucker	*beigeben, flüssig werden lassen*
100 ml Wasser	*ablöschen*
600 ml Milch	*beifügen, zum Kochen bringen*
100 g Dinkelweißmehl 250 ml Milch 2 Eier 1 Messerspitze Vanille	*verschwingen, unter Rühren in die siedende Milch einlaufen lassen, kurz aufkochen lassen*
1 Eßlöffel Kirsch	*beigeben*
Creme	*in ausgespülte Puddingform füllen und erkalten lassen, stürzen*

Schokoladen-Pudding mit Dinkelgrieß

900 ml Milch 1-2 Eßlöffel Vollrohrzucker 1 Messerspitze Vanille 100 g Schokoladenwürfel	*sieden*
100 g Dinkelgrieß	*einrühren, Kochzeit: 5 Minuten*
2 Eier	*miteinander verrühren, beigeben*
100 ml Milch	*unter Rühren nochmals zum Kochen bringen*
Puddingmasse	*in kalt ausgespülte Form einfüllen, kaltstellen, stürzen*
Beilage: Vanillesauce oder Birnenkompott	

> Tip: *Schokoladenwürfel durch Schokoladenpulver ersetzen.*

Dinkelgrießkopf

800 ml Milch, 1/4 Teelöffel Salz 1 1/2 Zitronenschale 1/2 Teelöffel Vanille	*sieden*
130 g Grieß	*einrühren, Hitze reduzieren, unter Rühren 10 Minuten kochen*

Grießbrei	*von der Platte nehmen*
100 g Vollrohrzucker 3 Eßlöffel Zitronensaft 250 ml Voll- oder Halbrahm	*beigeben, gut mischen, in ausgespülte Form füllen, mindestens 6 Stunden kaltstellen, stürzen*
Beilage: Himbeersirup, Früchtekompott oder Fruchtsauce	

Dinkelschrot-Pudding

1 Liter Milch	*sieden*
200 g Dinkelschrot	*einrühren, 15 Minuten köcheln, dann etwas auskühlen lassen*
40 g Vollrohrzucker 1 Prise Salz 1 Zitronenschale 50 g Sultaninen 30 g gemahlene Mandeln 3 Eßlöffel Rum 2 Eigelb	*daruntermischen*
2 Eischnee	*darunterziehen*
Mit Butter	*die Puddingform gut ausstreichen*
Mit 1 Eßlöffel geriebenen Mandeln	*ausstreuen*
Puddingmasse	*einfüllen, zugedeckt im Wasserbad 1 Stunde köcheln lassen*

Beilage:
Kompott, pürierte Früchte oder Vanillesauce

Dinkelflocken-Pudding

800 ml Milch 1 Prise Salz 70 g Vollrohrzucker	*sieden*
100 g Dinkelflocken	*einrühren, 10 Minuten kochen lassen*
40 g Puddingpulver 200 ml Milch	*in einer Schüssel anrühren*
2 Eier	*beigeben, gut verrühren*
Eiermilch	*unter Rühren dem Dinkelbrei beigeben, aufkochen, von der Platte nehmen*
1 Löffelspitze Zimt 50 g Sultaninen 1-2 Eßlöffel Rum	*beigeben, mischen, in ausgespülte Puddingform füllen, kaltstellen, stürzen*
Beilage: Fruchtsirup oder Fruchtmark	

Trauben-Pudding

400 ml Milch	*sieden*
3 Eier	*verrühren, unter gutem Rühren einlaufen*
100 ml Milch	*lassen, zum Kochen bringen, in Schüssel gießen*
80 g feine Dinkelflocken	
2 Eßlöffel Birnendicksaft oder Honig	
300 g Traubenbeeren	*mischen, in kalt ausgespülte Form gießen,*
1 Zitronenschale	*erkalten lassen, stürzen*
Beilage: Vanillesauce	

Feiner Dinkelflocken-Pudding

100 g Sultaninen	
2 Eßlöffel Kirsch	*1-2 Stunden zugedeckt ziehen lassen*
4 Eigelb	
150 g Vollrohrzucker	*rühren, bis die Masse hell*
1 Prise Salz	*ist*
250 g Joghurt natur	
250 g Magerquark	
2 Eßlöffel Zitronensaft	*beigeben*
6 Blatt Gelatine	*darunterrühren*
Creme	*an der Kälte etwas anziehen lassen*

50 g Dinkelflocken, grob gebeizte Sultaninen	*beigeben*
4 Eiklar	*steifschlagen, darunterziehen*
2 Eßlöffel Dinkelflocken	*in ausgespülte Puddingform streuen*
Puddingmasse	*einfüllen*
2 Eßlöffel Dinkelflocken	*daraufstreuen*
Pudding	*mindestens 4-5 Stunden kaltstellen*

Tip: *Pudding eventuell vor dem Stürzen kurz in heißes Wasserbad stellen.*

V. Gebäck

1. Brot

Dinkelbrot aus eigener Backstube

Brotbacken will gelernt sein! Nach den ersten Erfolgen wächst dabei das Vertrauen ins eigene Können und die Lust, immer Neues auszuprobieren. Die nachfolgenden Rezepte wollen eine Anleitung dazu geben.

Zuerst etwas Grundsätzliches zum Brotbacken!

- Dinkelweißmehl und -vollkornmehl können im Verhältnis zueinander beliebig abgeändert werden. Vollkornmehlteige benötigen aber etwas mehr Hefe.
- Schrot kann vorher eingeweicht oder direkt beigegeben werden.
- Ganze Körner werden zuerst weichgekocht und so dem Brotteig beigegeben.

Wer viel bäckt, kauft mit Vorteil eine Getreidemühle. So kann kurz vor der Verarbeitung aus Dinkelkörnern Vollkornmehl und Schrot selbst gemahlen werden. Der hohe

Wert des Mahlproduktes bleibt somit voll erhalten. Geduld ist eine wichtige Voraussetzung, wenn man Brot backen will. Weil oftmals aber die Zeit knapp ist, sind die meisten Brotrezepte ohne Vorteig aufgeschrieben. Für alle, die ein besonders luftiges Brot wünschen, empfiehlt es sich, das Mehl zu sieben und einen Vorteig zu machen.

Hier einige Tips zum Brotbacken!

a) Zum Vorteig:
- Mehl in der Teigschüssel zu einem Kranz formen.
- Gewürze auf den Mehlkranz geben.
- Hefe mit 1/2 Kaffeelöffel Vollrohrzucker und 1 dl lauwarmer Flüssigkeit verrühren, in die Kranzmitte geben.
- Zusammen mit etwas Mehl einen Vorteig machen, an der Wärme zugedeckt ca. 20 Minuten gehen lassen.
- Alsdann den Brotteig nach Rezept zubereiten.

b) Zum Backen:
- Ofen auf mindestens 200 °C vorheizen, Brot einschieben, dann Ofen auf die vorgeschriebene Temperatur einstellen.
- Die Backzeiten sind nur Richtzeiten. Kein Backofen ist gleich wie der andere!
- Neben einem schönen Aussehen zeigt ein hohler Ton beim Klopfen auf den Brotboden an, ob das Brot genügend gebacken ist.

c) Nach dem Backen:
- Brot sofort aus den Formen nehmen und auf dem Kuchengitter auskühlen lassen.

- Das kalte Brot zuerst in Bäckerseidenpapier, dann in ein reines Leinentüchlein wickeln, damit es länger frisch bleibt.

Und nun — viel Vergnügen und Erfolg beim Brotbacken!

Dinkel-Halbweißbrot

1 kg Dinkelvollkornmehl	
30 g Salz	*in einer Schüssel gut mischen*
800 ml Wasser (50 °C)	*beigeben, gut vermengen*
Teig	*zugedeckt 1 Stunde an der Wärme stehen lassen*
50 g Hefe	*zerbröckeln, beigeben*
200 g Dinkelweißmehl	*beigeben, gut durchkneten*
Teig	*zugedeckt gehen lassen, nochmals durchkneten, zu Stangen formen und in Kuchenform legen*
Brotteig	*zugedeckt nochmals gehen lassen*
Brot	*vor dem Backen mehrmals einschneiden*
mit Wasser	*bestreichen*

Backen: 200 °C, 20 Minuten, 1. Schiene
Ausbacken: 170 °C, ca. 30-40 Minuten

Dinkel-Toastbrot

500 g Dinkelweißmehl	*in eine große Schüssel geben, in der Mitte eine Vertiefung machen*
10 g Salz	*auf den Mehlkreis streuen*
15 g Hefe 1 Kaffeelöffel Vollrohrzucker	*in eine Tasse verrühren, bis alles flüssig ist*
30 g Butter 300 ml Milch	*auf 37 °C erwärmen*
flüssige Hefe Milch mit Butter	*in den Mehlkreis geben, alles zu einem geschmeidigen Teig verarbeiten*
Teig	*zudecken, an warmem Ort ums Doppelte gehen lassen*
in ausgebutterte Kastenform	*abfüllen, nochmals gehen lassen*

Backen: 200 °C, 35-40 Minuten, 1. Schiene

> Tip: *Kleine Brötchen formen, mit Eigelb bestreichen, Backzeit: 15-20 Minuten.*

Dinkel-Vollkornbrot

2 kg Dinkelvollkornmehl	*in eine Schüssel geben*
30 g Salz	*beigeben, gut mischen, in der Mitte eine Vertiefung machen*
80 g Hefe	*zerbröckeln, hinein geben*
250 ml Wasser	*beigeben, einen kleinen Vorteig machen, 15-20 Minuten gehen lassen*
1 Liter Milch oder Milch mit Wasser gemischt	*zugeben, Teig mindestens 10 Minuten gut kneten, zugedeckt an der Wärme 60-90 Minuten gehen lassen*
Teig	*zu Broten formen, in Formen geben, nochmals ca. 1/2 Stunde gehen lassen*
mit Wasser	*bestreichen und mehrmals einschneiden*

Bei 210-220 °C in den Ofen schieben. Nach 20-25 Minuten auf 180-190 °C einstellen.

Backen: 50-60 Minuten

Dinkel-Vollkornbrot (im Heißluftofen)

1,5 Dinkelvollkornmehl	*in eine große Teigschüssel geben, einen Mehlkranz bilden*
60 g Hefe	*vermischen, in den Mehlkranz geben,*

100 ml lauwarme Milch	*einen Vorteig herstellen, 15 Minuten*
1 Kaffeelöffel Honig	*gehen lassen*
1 Eßlöffel Fenchelsamen 1 Eßlöffel Koriander	
900 ml Wasser, 37 °C warm	*beigeben, mischen*
20 g Salz 2 Eßlöffel Sonnenblumenöl 3 Eßlöffel Weinessig	*beigeben, Teig tüchtig kneten, dann zugedeckt um das Doppelte gehen lassen*
Teig	*zu drei Stangen formen, in gefettete Kuchenformen geben, im Heißluftofen bei 50 °C 15 Minuten gehen lassen*

Backen: 210 °C, 20 Minuten, bei 190 °C fertig backen, 1. Schiene, Backzeit 50 Minuten

> Tip: *Beim Backen ein feuerfestes Gefäß mit kaltem Wasser in den Ofen stellen.*

Dinkel-Schrotbrot

1 kg Dinkelschrot	*in eine Schüssel geben*
1 1/4 Liter Milchwasser	*erhitzen, dazu geben, umrühren, zudecken*
Schrot	*über Nacht warmstellen*
eingeweichter Schrot	*anderntags aufrühren*
80 g Hefe	*beigeben, mischen, 15 Minuten stehen lassen*

30 g Salz	
900 g Dinkelweißmehl	*gut daruntermengen*
Teig	*zudecken, warmstellen, nach ca. 1 Stunde nochmals durchkneten, wieder gehen lassen*
Teig	*zu Broten formen, in 4 Kuchenformen abfüllen, nochmals gehen lassen, dann mehrmals einschneiden*
mit Wasser oder Milch	*bestreichen*

Backen: 210 °C, 20-25 Minuten, bei 190 °C fertig backen, Backzeit ca. 1 Stunde

Dinkel-Flockenbrot

400 g Dinkelflocken 600 g Dinkelvollkornmehl 15 g Salz	*in der Teigschüssel vermischen und einen Mehlkranz bilden*
40 g Hefe, zerbröckelt 200 ml Milch, lauwarm	*vermischen, auflösen, in den Kreis geben und einen kleinen Vorteig machen*
Vorteig	*zugedeckt 15-20 Minuten warmstellen*
1/2 l Wasser, lauwarm 2 Eßlöffel Zitronensaft 1 Eßlöffel Sonnenblumenöl	*beifügen und mindestens 15 Minuten lang kräftig kneten*

Teig mit warmem Wasser	*bestreichen, zugedeckt ums Doppelte gehen lassen, dann nochmals 2-3 Minuten lang durchkneten*
Teig zu 2 Broten	*formen, in gefettete Kuchenformen legen*
Teigoberfläche	*mit scharfem Messer 5 mm tief einschneiden, nochmals fast ums Doppelte gehen lassen und sorgfältig in den Ofen schieben*

Backen: 200 °C, 15 Minuten, 1. Schiene, dann 195 °C, 30 Minuten

> Tip:
> - *Je länger der Teig geknetet wird, um so mehr Luft wird eingearbeitet.*
> - *Mit Vorteil wird während der ersten 15 Minuten Backzeit ein weites Gefäß mit Wasser in den Ofen gestellt.*
> - *Das fertiggebackene Brot mit Milch bepinseln und 1 Minute im Ofen antrocknen lassen.*

Dinkel-Vollkornbrot mit Joghurt

1 kg Dinkelvollkornmehl	*in eine große Schüssel geben*
30 g Hefe	*auflösen, beigeben, Vorteig machen,*
200 ml lauwarmes Wasser	*zugedeckt ca. 15 Minuten stehen lassen*
1 Joghurt natur (180 g)	*beigeben*

15 g Salz 300 ml lauwarmes Wasser	*auflösen, beigeben*
alle Zutaten	*10-20 Minuten tüchtig kneten*
Im Wasserbad (40 °C)	*zugedeckt ums Doppelte gehen lassen, Dauer 90-120 Minuten*
Teig	*zu Stangen formen, in zwei Kuchenformen füllen, nochmals gehen lassen*

Backen: 250 °C, 5 Minuten, 1. Schiene, dann 200 °C, 35-40 Minuten, oder 200 °C, 45-50 Minuten, 1. Schiene

> Tip: *Ist der Teig fest genug, können Brotlaibe geformt und auf dem Backblech gebacken werden.*

Buttermilchbrot mit Sesam

500 g Dinkelvollkornmehl 2 Eßlöffel Sesamsamen	*vermischen, Mehlkranz formen*
20 g Hefe 1 Eßlöffel Vollrohrzucker 100 ml lauwarme Buttermilch	*verrühren, dazugießen, ein kleines Teiglein machen, etwas gehen lassen*
10 g Salz 200 ml lauwarme Buttermilch	*mischen, beifügen und kneten, bis der Teig geschmeidig ist*

Teig	*zugedeckt an der Wärme ums Doppelte gehen lassen, nochmals durchkneten und zu einem runden Brot formen*
Brot	*auf Backblech setzen, zugedeckt nochmals 30-40 Minuten gehen lassen*
Mit Buttermilch	*bestreichen*
1 Eßlöffel Sesamsamen	*darüberstreuen*

Backen: 200 °C, ca. 45 Minuten, 1. Schiene

Dinkelbrot mit Sonnenblumenkernen

50 g Dinkelschrot	
200 g Dinkelweißmehl	
250 g Dinkelvollkornmehl	*in eine Schüssel geben*
50 g Sonnenblumenkerne	*hellgelb rösten, beigeben, Mehlkranz bilden*
10 g Salz	*daraufgeben*
20 g Hefe	
1 Kaffeelöffel Vollrohrzucker	*auflösen, in die Vertiefung geben*
320 ml Milch (37 °C)	*beigeben*
alle Zutaten	*zu einem geschmeidigen Teig verarbeiten, zugedeckt an der Wärme ums Doppelte aufgehen lassen*
Teig	*durcharbeiten, in gefettete Kuchenform füllen, nochmals gehen lassen*

mit Milchwasser	*bestreichen*
mit Sonnenblumenkernen	*bestreuen*

Backen: 200 °C, ca. 50 Minuten, 1. Schiene

Dinkel-Gewürzbrot

2 kg Dinkelvollkornmehl 500 g Dinkelweißmehl 20 g Bertrampulver 20 g Fenchelpulver 10 g Galgantpulver	*in eine große Teigschüssel geben, mischen, einen Mehlkranz bilden*
40 g Salz	*daraufgeben*
100 g Hefe	*zerbröckeln, in den Mehlkranz geben*
1,7 Liter lauwarmes Wasser	*beigeben, Hefe auflösen*
alle Zutaten	*zum Teig verarbeiten, ca. 10 Minuten kneten*
Teig	*ca. 1 Stunde gehen lassen, nochmals durchwirken*
Teig	*in 5 Stücke aufteilen, zu Rollen formen, in gefettete Kuchenformen geben*
Brote	*in den kalten Backofen schieben, Ofen 30 Sekunden auf 220 °C stellen, Brote ca. 40 Minuten gehen lassen, dann backen*

Backen: 220 °C, ca. 50 Minuten, 1. Schiene

Fenchelbrot

30 g Hefe 1/2 l Wasser, 37 °C	*in einer Schüssel auflösen*
550 g Dinkelvollkornmehl 300 g Dinkelweißmehl	*beigeben, kneten*
100 g weiche Butter	*nach der Hälfte der Knetzeit beigeben*
15 g Salz	*nach Dreiviertel der Knetzeit beigeben*
25 g Fenchel, getrocknet	*am Schluß der Knetzeit dazugeben*
Teig	*zugedeckt ums Doppelte gehen lassen*
50 g Teigstücke	*rundwirken, 2 Reihen von je 4 Stück nebeneinander aufs Backblech setzen, zugedeckt nochmals gehen lassen*
Teigkugeln	*vor dem Backen mit scharfem Messer einschneiden*

Backen: 200 °C, ca. 30 Minuten, 1. Schiene

Kräuterbrot

400 g Dinkelvollkornmehl 100 g Dinkelweißmehl	*in eine Schüssel geben*
etwas Basilikum etwas Majoran	

2 Bund Petersilie	*kleinhacken, beigeben*
1 Bund Schnittlauch	*kleinschneiden, beigeben*
1/2 Kaffeelöffel Knoblauchpulver oder 1 Knoblauchzehe, gepreßt 10 g Salz	 *beigeben*
alle Zutaten 25 g Hefe 100 ml lauwarmes Wasser 100 ml lauwarmes Wasser	*mischen, Kranz formen* *verrühren, hineingeben, einen Vorteig machen, 15-20 Minuten gehen lassen*
200 ml lauwarme Milch 2 Eßlöffel Sonnenblumenöl	*beifügen, Teig kneten, bis er sich von der Schüssel löst, zugedeckt an warmem Ort ums Doppelte aufgehen lassen*
Teig	*zusammenkneten, zu einem runden Brot formen, mit einer Gabel mehrmals einstechen*
mit Mehl	*bestäuben*
Brot	*zugedeckt nochmals gehen lassen*

Backen: 200 °C, ca. 45 Minuten, 1. Schiene

Dinkelbrot mit Karotten

250 g Dinkelweißmehl 250 g Dinkelvollkornmehl	*in eine Schüssel geben, Kranz bilden*
12 g Salz	*daraufgeben*
25 g Butter	*flüssig machen*
250 ml Milch	*zur Butter geben, auf 37 °C erwärmen in den Mehlkranz geben*
30 g Hefe	*rühren, bis sie flüssig ist, in den Mehlkranz*
1 Kaffeelöffel Vollrohrzucker	*geben*
alle Zutaten	*zu einem geschmeidigen Teig kneten*
200 g geraffelte Karotten 2 Eßlöffel gehackte Petersilie 1 Eßlöffel gehackten Basilikum	*unter den Teig kneten, zugedeckt im warmen Wasserbad ums Doppelte gehen lassen*
Teig	*nochmals kneten und in gefettete Kuchenform füllen, nochmals gehen lassen*

Backen: 200 °C, 45-50 Minuten, 1. Schiene

Dinkelvollkornbrot mit Orangeat

100 g Orangeat	*kleinwürfelig schneiden, in eine Schüssel geben*
2-3 Eßlöffel Rum	*dazugeben, einige Stunden ziehen lassen*
480 ml Milch, 37 °C warm	*in eine große Schüssel geben*
50 g Hefe	*beigeben, auflösen*
900 g Dinkelvollkornmehl 200 g Dinkelflocken 10 g Salz 100 g weiche Butter 100 g Vollrohrzucker 1 Ei 1 abgeriebene Zitronenschale	*beigeben und zu einem geschmeidigen Teig verarbeiten*
Orangeat	*beigeben und gut in den Teig arbeiten*
Teig	*zugedeckt an einem warmen Ort ums Doppelte gehen lassen*
2 Teigrollen	*formen und in gefettete Kuchenformen legen, zugedeckt nochmals gehen lassen*

Backen: 200 °C, 3540 Minuten, 1. Schiene

> Tip: *Brot vor dem Backen mit Ei bestreichen und mit Dinkelflocken bestreuen.*

Früchtebrot nach Hildegard

100 g Dinkelkörner, weichgekocht 100 g Mandeln, gehackt 100 g Datteln, in Würfel geschnitten 50 g Sultaninen 50 g Sonnenblumenkerne 1 Eßlöffel Zitronensaft	*in einer Schüssel bereit stellen*
1,8 kg Dinkelweißmehl 200 g Dinkelvollwert-Müesli 1 Kaffeelöffel Fenchelsamen, gewalzt 2 Prisen Bertrampulver 1 Prise Galgantpulver 1 Prise Kubebenpulver	*in eine große Teigschüssel geben, mischen, einen Mehlkranz formen*
20 g Meersalz	*auf den Mehlkranz geben*
50 g Hefe, zerbröckelt 200 ml Wasser, 37 °C warm	*auflösen, in den Mehlkranz geben, Vorteig machen*
Vorteig	*ca. 20 Minuten zugedeckt ruhen lassen*
1 Liter Wasser, 37 °C warm	*beigeben, Teig zubereiten, 10 Minuten tüchtig kneten*
Übrige Zutaten	*beigeben, in den Teig arbeiten*
Teig	*zugedeckt ums Doppelte gehen lassen, dann aufarbeiten und nochmals gehen lassen*

Backen: 220 °C, 35-40 Minuten, 2. Schiene

Möischterer Brötchen

300 g Dinkelvollkornmehl 100 g Dinkelweißmehl 2 Eßlöffel Dinkelschrot 1 Kaffeelöffel Mohnsamen 1 Kaffeelöffel Sesamsamen 1 Kaffeelöffel Flohsamen	*in die Schüssel geben, mischen, Kreis formen*
7 g Salz	*daraufgeben*
15 g Hefe Knapp 300 ml Milchwasser	*auflösen, beigeben*
alle Zutaten	*gut kneten, 1-2 Stunden zugedeckt gehen lassen, Stollen formen und auf dem Backblech nochmals gehen lassen*

Backen: 200 °C, 35 Minuten, 2. Schiene

Mit etwas Wasser den heißen Stollen bestreichen.

Dinkel-Vollkornzopf (2 Stück)

350 g Dinkelweißmehl 900 g Dinkelvollkornmehl	*in eine große Schüssel geben, einen Kranz machen*
12 g Salz	*daraufgeben*
150 g	*Butter*
1/2 l Milch	*auf 37 °C erwärmen, in den Kreis geben*
50 g Hefe 2 Eßlöffel lauwarmes Wasser	*auflösen, beigeben*

2 Eier	*beigeben*
alle Zutaten	*ca. 10 Minuten zu einem geschmeidigen Teig kneten*
Teig	*sofort Zöpfe formen, zugedeckt an einem eher kühlen Ort gehen lassen, ca. 2 Stunden*

Backen: 200 °C, ca. 35 Minuten, 2. Schiene

> Tip: *Zopf vor dem Herausnehmen aus dem Backofen mit heißem Wasser oder heißer Milch bepinseln und etwas antrocknen lassen.*

Heller Hefezopf mit Quark

1 kg Dinkelweißmehl	*in eine Schüssel geben, Kranz formen*
20 g Salz	*daraufgeben*
40 g Hefe	*in den Kreis geben, mit wenig Mehl*
350 ml lauwarme Milch	*einen Vorteig machen, 15 Minuten gehen lassen*
50 g Vollrohrzucker	
2 Eigelb	
200 g Quark	
125 g flüssige Butter	*beigeben, zu einem geschmeidigen Teig*
100 ml Wasser	*kneten, 20-30 Minuten*
1 Eßlöffel Sonnenblumenöl	*gehen lassen*
Teig	*zu zwei Zöpfen flechten, nochmals gehen lassen*

mit Eigelb	*bestreichen*

Backen: 190 °C, 40-45 Minuten, 2. Schiene

> Tip: *Geformtes Hefegebäck wird mit Vorteil vor dem Backen 20 Minuten an einen kühlen Ort gestellt, damit es beim Backen die Form behält.*

Dinkelbrötchen mit Rosinen (ca. 30 Stück)

200 g Rosinen 2 Eßlöffel Kirsch	*zugedeckt ca. 12 Stunden ziehen lassen*
250 g Dinkelvollkornmehl 250 g Dinkelweißmehl	*in eine Schüssel geben, Kranz machen*
1/4 Teelöffel Salz	*daraufgeben*
100 g weiche Butter 250 g Quark 1 Eßlöffel Honig 2 Eier	*in den Mehlkreis geben, alle Zutaten ca. 15 Minuten durchkneten, dann die Rosinen*
20 g Hefe (klein zerbröckelt) 1 Messerspitze Nelkenpulver 1/2 Teelöffel Zimt 1/3 Teelöffel Muskat	*in den Teig arbeiten, kleine Kugeln, Durchmesser 4-5 cm, formen, auf dem Backofen zugedeckt ca. 1 Stunde gehen lassen*
1 Eigelb 1 Teelöffel Wasser 1 Teelöffel Honig	*in dieser Reihenfolge mischen, Brötchen damit bestreichen*

Backen: 180 °C, 15-20 Minuten, 2. Schiene

Znünibrötchen

1 Eßlöffel Dinkelkörner	*6-8 Stunden einweichen, 10 Minuten kochen, 20 Minuten quellen lassen*
250 ml Rahm, 2 Eier	
70 g Vollrohrzucker	*schaumig rühren*
300 g Dinkelweißmehl, Dinkelkörner, evtl. 1 Eßlöffel Anis	
1 gestr. Kaffeelöffel Natron 1 gestr. Kaffeelöffel Backpulver	*mischen, beigeben, zum Teig verarbeiten*
Teig	*mit 2 Eßlöffeln zu Häufchen formen, auf Backblech setzen*

Backen: 200 °C, 15-20 Minuten, 2 Schiene

Mohnsemmeln

500 g Dinkelweißmehl	*in eine Schüssel sieben, Kranz formen*
25 g Hefe 250 ml lauwarme Milch	*hineingeben, mit etwas Mehl einen Vorteig machen, zugedeckt 15 Minuten gehen lassen*
50 g flüssige Butter 1 Ei, 10 g Salz	*beigeben, zu einem glatten Teig kneten,*
1 Messerspitze Bertram 1 Messerspitze Muskat 1 Messerspitze Fenchelpulver	*15 Minuten gehen lassen, nochmals kräftig durcharbeiten und wieder 15 Minuten gehen lassen*

40 g schwere Teigstücke	*zu Kugeln formen und aufs Backblech setzen, nochmals gehen lassen*
1 Eigelb 1 Eßlöffel Milch	*verquirlen, die Semmel damit bestreichen*
etwas Mohn	*daraufstreuen, mit Schere kreuzweise einschneiden*

Backen: 200 °C, ca. 20 Minuten, 2. Schiene

2. Kuchen

Einfaches Dinkelbiskuit

4 Eigelb 200 g Vollrohrzucker 4 Eßlöffel Wasser 1 Prise Salz 1 Kaffeelöffel Vanille	*schaumig rühren*
100 g Dinkelweißmehl 100 g Dinkelvollkornmehl 4 Eischnee	*darunterziehen, in gefettete und bemehlte Springform füllen, Durchmesser 24 cm*

Backen: 180 °C, ca. 30 Minuten, 1. Schiene

erkaltetes Biskuit	*durchschneiden*
mit 200 g Rahmquark	*Biskuitboden bestreichen*
mit Früchten	*belegen, eventuell süßen*
Biskuitdeckel	*darauf setzen*
5 Eßlöffel Rahmquark	*darauf streichen*

mit Früchten	*ausgarnieren*

Tip: *Biskuitböden mit Kirsch-Zuckerwasser tränken!*

Dinkelbiskuit mit Äpfeln

100 g Butter	*schaumig rühren*
100 g Vollrohrzucker 3 Eigelb 2 Eßlöffel Wasser	*beigeben, mitrühren*
1 Kaffeelöffel Vanille 1 Eßlöffel Rum	*beigeben, kurz mitrühren*
100 g Dinkelschrot 75 g Dinkelweißmehl 1 Kaffeelöffel Backpulver	*mischen*
Mehl 3 Eischnee	*unter die Eimasse ziehen, in gefettete und bemehlte Springform füllen, Durchmesser 22 cm*
4 geschälte Äpfel	*vierteln, Kernhaus entfernen*
die Apfelviertel	*gleichmäßig längs einschneiden und auf die Teigmasse legen*

Backen: 175 °C, ca. 50 Minuten, 1. Schiene

Tip: *Die Äpfel sofort nach dem Backen mit Birnendicksaft bestreichen oder Rohzucker darüberstreuen.*

Apfelkuchen

125 g weiche Butter 150 g Honig 2 Eier	*schaumig rühren*
100 g Speisequark 1 Zitrone, Schale und Saft 1 Messerspitze Vanille 2-3 Eßlöffel Milch	*daruntermischen*
100 g Dinkelweißmehl 150 g Dinkelvollkornmehl 20 g Backpulver	*mischen, beigeben*
Masse	*in gefettete und bemehlte Springform, Durchmesser 24 cm, füllen, glattstreichen*
4 geschälte Äpfel	*halbieren, Kerngehäuse ausstechen, einschneiden und auf dem Teig verteilen*

Backen: 180 °C, ca. 45 Minuten, 2. Schiene

> Tip: *Die noch heißen Äpfel mit Birnendicksaft bestreichen.*

Dinkelkuchen mit Schokoladenwürfeln

150 g weiche Butter	*schaumig rühren*
100 g Vollrohrzucker 3 Eier	*beigeben, mitrühren*
100 g Schokoladenwürfel 1 Messerspitze Vanille 1-2 Eßlöffel Milch	*beigeben, mischen*
150 g Dinkelvollkornmehl 100 g Dinkelweißmehl 1 gestrichener Eßlöffel Backpulver	*darunterziehen, in gefettete Springform, Durchmesser 22 cm, füllen*

Backen: 175 °C, ca. 45 Minuten, 2. Schiene

Sonntagskuchen

200 g Butter	*schaumig rühren*
200 g Rohzucker 3 Eier	*nach und nach beigeben, gut rühren*
1 Eßlöffel Rum 100 g Schokoladenstreusel 50 g Mandeln (gemahlen)	*beigeben, mischen*
100 ml Milch 200 g Dinkelweißmehl 50 g Edelkastanienmehl 20 g Backpulver	*mischen, darunterziehen, in vorbereitete Springform, Durchmesser 24 cm, füllen*

Backen: 180 °C, ca. 40 Minuten, 2. Schiene

Gugelhupf mit Maroni-Püree

150 g Butter 175 g Vollrohrzucker	*weich rühren*
1 Prise Salz	*beigeben*
3 Eier	*nach und nach beigeben, rühren bis die Masse hell ist*
300 g Dinkelweißmehl 2 Kaffeelöffel Backpulver 100 ml Milch	*unter die Masse rühren*
die Hälfte des Teiges	*in vorbereitete Gugelhupfform füllen, Durchmesser 22 cm*
400 g Maroni Püree 4 Eßlöffel Rahm 1 1/2 Eßlöffel Kirsch	*gut mischen, in die Form füllen, mit der Gabel spiralförmig unter den Teig ziehen*
restlichen Teig	*darauf verteilen*

Backen: 180 °C, ca. 55 Minuten, 1. Schiene

Gugelhupf	*stürzen*
evtl. mit Puderzucker oder Schokoladenpulver	*bestäuben*

> Tip: *Gugelhupf hält, in Folie eingepackt und im Kühlschrank gelagert, 3-5 Tage. Maroni-Püree ganz unter den Teig mischen.*

Rührkuchen mit Dinkelschrot

160 g Butter	*schaumig rühren*
150 g Vollrohrzucker	*nach und nach beigeben,*
3 Eier	*schaumig rühren*
100 ml Kaffeerahm, 1 Eßlöffel Rum, Zitronenschale, Saft von 1 Zitrone,	
100 g Rosinen	*daruntermischen*
140 g Dinkelschrot	*mischen, darunterziehen, in gefettete*
200 g Dinkelweißmehl	*und bemehlte Springform füllen, Durchmesser*
1 gestrichener Eßlöffel Backpulver	*22 cm oder in Kuchenform, Länge 25 cm*

Backen: 170 °C, ca. 50 Minuten, 1. Schiene

Gewürzkuchen

4 Eier, 250 g Vollrohrzucker	*schaumig rühren*
125 g weiche Butter	*beigeben, gut unterrühren*
220 g Dinkelweißmehl 100 g Dinkelschrot 50 g Kakao 1 Messerspitze Muskat 1 Messerspitze Nelken 1/2 Teelöffel Zimt 1 Päckchen Backpulver	*gut vermischen*
200 ml Milch obige Zutaten	*abwechslungsweise unter die Rührmasse ziehen*

Masse	*in gefettete und bemehlte Springform, Durchmesser 24 cm, füllen*

Backen: Bei 175 °C, ca. 50 Minuten, 1. Schiene

> Tip: *Kuchenform 26 cm lang.*

Honigkuchen

250 g Dinkelschrot 350 ml heiße Milch	*2-3 Stunden zugedeckt quellen lassen*
1 Ei, 150 g Vollrohrzucker	*schaumig rühren*
100 g Honig, 100 g Butter	*mitrühren*
Dinkelschrot	*aufrühren, beigeben*
50 g Mandeln, gerieben, 200 g Dinkelweißmehl, gesiebt, 25 g Kakao, gesiebt, 1 Teelöffel Zimt, 1 Messerspitze Nelken, 8 g Natron oder 20 g Backpulver	*mischen, unter die Teigmasse ziehen, in vorbereitete Springform, Durchmesser 24 cm, füllen*

Backen: 170 °C, ca. 50 Minuten, 1. Schiene

> Tip: *Masse nach Belieben mit Sultaninen bereichern.*

Margariten-Lebkuchen

200 ml Sauerrahm 1 Joghurt natur (180 g) 180 Vollrohrzucker 1 Prise Salz	*schaumig rühren*
2 Eßlöffel Gewürzmischung (siehe Energieplätzchen!) 3 Eßlöffel Birnendicksaft	*kurz mitrühren*
10 g Natron, 2-3 Eßlöffel Milch	*anrühren, beigeben*
100 g Dinkelvollkornmehl 300 g Dinkelweißmehl	*dazugeben, gut vermischen*
Lebkuchenmasse	*in gefettete und bemehlte Springform, Durchmesser 24 cm, füllen*

Backen: 190 °C, 40-45 Minuten, 1. Schiene

Lebkuchen (2. Art)

250 ml Birnendicksaft 100 ml Milch 100 ml Rahm 50 g weiche Butter 80 g Vollrohrzucker	*schaumig rühren*
2 gestrichene Eßlöffel Gewürzmischung	*beigeben, kurz mitrühren*
1 gestrichener Eßlöffel Natron 1 Eßlöffel Kirschwasser	*auflösen, beigeben*

evtl. 2-3 Eßlöffel Rotwein	*beifügen*
200 g Dinkelweißmehl 200 g Dinkelvollkornmehl	*beigeben, mischen, in gefettete und bemehlte Springform, Durchmesser 24 cm, füllen*

Backen: 200 °C, 35-40 Minuten, 1. Schiene

> Tip: *Kuchen sofort nach dem Backen mit Birnendicksaft bestreichen.*

Möhrentorte

4 Eigelb 200 g Vollrohrzucker 1 Eßlöffel Wasser	*schaumig rühren*
1/2 Zitrone Schale und Saft 1 Kaffeelöffel Vanille 1 Kaffeelöffel Zimt 1 Messerspitze Nelkenpulver 200 g geriebene Möhren 100 g geriebene Mandeln 100 g geriebener Dinkel-Zwieback 1 Eßlöffel Rum	*dazugeben, mischen*
100 g Dinkelvollkornmehl 1 Eßlöffel Backpulver	*mischen*
Mehl 4 Eischnee	*darunterziehen*

Masse	*in gefettete und bemehlte Springform, Durchmesser 24 cm, füllen*

Backen: 170 °C, 50-60 Minuten, 1. Schiene

Äpfel im Versteck

150 g Dinkelschrot 150 ml siedendes Wasser	*in eine Schüssel geben, zugedeckt über Nacht stehen lassen.*
3 Eigelb 150 g Vollrohrzucker 2 Eßlöffel Wasser	*schaumig rühren*
100 g weiche Butter	*beigeben, mitrühren*
Dinkelschrot 1 abgeriebene Zitronenschale 150 g gesiebtes Dinkelweißmehl 1 Päckchen Backpulver	*daruntermischen*
3 Eischnee	*darunterziehen*
Kuchenmasse	*in gefettete und bemehlte Springform füllen, Durchmesser 24 cm*
6 kleine, gefüllte Äpfel	*im Kreis einsetzen*
Backen 170 °C, 45 Minuten, 1. Schiene	
Apfelfüllung:	
2 Eßlöffel Mandeln, gemahlen	*mischen, in die geschälten, ausgehöhlten Äpfel füllen*

2 Eßlöffel grobe Dinkelflocken	
3 Kaffeelöffel Birnendicksaft	*darauf verteilen*

Tip:
- *Die Äpfel nur leicht einsetzen.*
- *In die Kuchenmitte nie einen Apfel geben, wegen des Aufschneidens!*

Linzer Torte

80 g Butter	*schaumig rühren*
140 g Honig 2 Eier 1 Prise Salz	*beigeben, mitrühren*
1 Messerspitze Vanille 1 Messerspitze Nelken 2 Teelöffel Zimt	*beigeben, gut mischen*
200 g Mandeln 200 g Dinkelvollkornmehl 200 g Dinkelweißmehl 1 gestr. Eßlöffel Backpulver	*beigeben, kurz zu Teig verarbeiten*
4/5 des Teiges	*in gefettete Springform, Durchmesser 22 cm, streichen, Rand hochziehen, mit Gabel verzieren*
200 g Himbeer- oder Quittenkonfitüre	*auf den Teigboden streichen*

Restlichen Teig	*dünn auswellen, Streifen abrädeln, gitterartig auf den Kuchen legen*
mit Eigelb	*bestreichen*

Backen: 190 °C, ca. 30 Minuten, 1. Schiene

Den Kuchen 2 Tage durchziehen lassen, bevor er gegessen wird.

Mandelkuchen

Mürbeteig:	
250 g Dinkelweißmehl 125 g Butter	*verreiben, Kreis formen*
100 g Vollrohrzucker 1 Ei 1 Prise Salz	*hineingeben, kurz zu Teig verarbeiten, kaltstellen*
Teig	*auswellen, in gefettete und bemehlte Springform legen, Rand 3 cm hoch formen*
Teigboden	*mit Alufolie abdecken, mit Erbsen beschweren, bei 220 °C 15 Minuten backen*
Erbsen und Folie	*entfernen*
Mandelfülle	*daraufgeben*

Backen: 180 °C, 30 Minuten, 1. Schiene

Füllung:	
4 Eigelb	

125 g Vollrohrzucker	*schaumig rühren*
80 g weiche Butter	*beigeben, mitrühren*
1 Eßlöffel Rum 150 g geriebene Mandeln 25 g Dinkelschrot 4 Eischnee	*darunterziehen*

Johannisbeerkuchen

Mürbeteig, siehe oben	
Belag: 3 Eiweiß	*steifschlagen*
50 g Vollrohrzucker 1 Eßlöffel Dinkelweißmehl	*beigeben, weitere 5 Minuten schlagen*
50 g Vollrohrzucker 400 g Johannisbeeren	*darunterziehen, auf den erkalteten Kuchenboden streichen*

Backen: 175 °C, ca. 20 Minuten, 1. Schiene

> Tip: *Belag mit Alufolie abdecken oder Oberhitze ausschalten, falls er zu schnell bräunt. Der Belag darf nur leicht goldgelb sein.*

Quittenkuchen

600 g Quitten	*schälen und achteln*
300 ml Wasser 2 Eßlöffel Birnendicksaft 1 Messerspitze Nelken-pulver 1/4 Zimtstengel	*sieden, Quittenschnitze knapp weichkochen, im Saft auskühlen lassen*
100 g Butter	*schaumig rühren*
100 g Vollrohrzucker 2 Eier 1 Zitronenschale 1 Prise Salz	*beigeben, gut rühren*
150 g Dinkelweißmehl	*beigeben, kurz zu Teig verarbeiten, 1/2 Stunde kaltstellen*
Teig	*auswellen, ausgebutterte Springform (Durchmesser 24 cm) damit belegen, Rand etwas hochziehen*
abgetropfte Quitten-schnitze	*darauflegen*

Vorbacken: 200 °C, 20 Minuten, 1. Schiene

Guß:	
2 Eigelb 2 Eßlöffel Vollrohrzucker 1 Messerspitze Zimt	*schaumig rühren*
150 ml Rahm	*nach und nach beigeben*
2 Eischnee	

50 g geriebene Mandeln	*darunterziehen*
Guß	*über den Kuchen gießen*

Fertigbacken: 200 °C, 20 Minuten, 1. Schiene

Fruchtkuchen

Geriebener Teig:	
150 g Dinkelvollkornmehl	
80 g Butter	*verreiben, Mehlkreis machen*
4 Eßlöffel Wasser	
1/2 Kaffeelöffel Salz	*in den Mehlkreis geben, kurz zu Teig*
1 Kaffeelöffel Essig	*verarbeiten*
Teig	*über Nacht im Kühlschrank ruhen lassen*
Teig	*dünn auswellen, auf das gefettete Blech, Durchmesser 28 cm, legen, gut einstechen, 5 Minuten anbacken*
Früchte	*darauflegen*
Eierguß	*darübergießen*

Backen: 250 °C, 25-30 Minuten, 1. Schiene

Eierguß:	
2 Eier	
1 Eßlöffel Vollrohrzucker	
200 ml sauren Halbrahm	*gut mischen*
oder Milch	

Tip: *Gemüsekuchen wird auf dieselbe Art gemacht. Gemüse leicht andämpfen und ausgekühlt auf den angebackenen Teig verteilen. Anstelle von Vollrohrzucker 1 Kaffeelöffel Salz in den Guß geben.*

Kürbiskuchen

Geriebener Teig:	
100 g Dinkelvollkornmehl 50 g Dinkelweißmehl 50 g Butter	*verreiben, bis das Mehl gleichmäßig fein ist, Kreis formen*
1/2 Kaffeelöffel Salz 5 Eßlöffel Wasser	*hineingeben, kurz zum Teig verarbeiten,*
1 Kaffeelöffel Essig	*zugedeckt 1/2 Stunde kaltstellen*
ausgewellten Teig	*auf Kuchenblech legen, stechen*
750 g geschälten Kürbis	*in 1 cm dicke Scheiben schneiden, auf Backblech legen und 10-15 Minuten bei 200 °C halbweich dämpfen, erkalten lassen*
Kürbisscheiben	*in Würfel schneiden, auf dem Kuchenteig verteilen*
Eierguß:	
2 Eßlöffel Dinkelweißmehl 200 ml Rahm	

2 Eßlöffel Rohzucker	
2 Eier	
1 Eßlöffel Kirschwasser	*verrühren, über den*
1 Kaffeelöffel Vanille	*Kürbiswürfeln verteilen*

Backen: 220 °C, ca. 30 Minuten, 1. Schiene

Apfelstrudel

Strudelteig:	
125 g Dinkelvollkornmehl	
2 Prisen Salz	*mischen, Teig kneten, bis er*
2 Eßlöffel Sonnenblumenöl	*elastisch ist, leicht befeuch-*
2 Eigelb	*ten und mit feuchtem Tuch*
2 Eßlöffel Wasser	*zugedeckt 20 Minuten ruhen lassen*
Füllung:	
1 Zitrone Schale und Saft	
2 Eßlöffel gemahlene Mandeln	
2 Eßlöffel Vollrohrzucker	
2 Eßlöffel Rosinen	
1 Messerspitze Zimt	*mischen*
500 g geschälte Äpfel	*in Scheiben schneiden, beigeben*
Strudelteig	*auswellen und ausziehen*
mit flüssiger Butter	*bestreichen*
Apfelfüllung	*darauf verteilen*
Strudel	*aufrollen, auf Blech legen*
mit flüssiger Butter	*bestreichen, stechen*

Backen: 190 °C, ca. 40 Minuten, 1. Schiene

Beilage: Vanillesauce

> Tip:
> – *Anstelle von Äpfeln eventuell Aprikosen verwenden. Den Teig vorher mit Paniermehl oder geriebenen Mandeln bestreuen (Saft!).*
> – *Strudel während des Backens 1-2 mal mit flüssiger Butter bestreichen.*

Friedrichs Apfelschnitte

100 g Butter	*schaumig schlagen*
1 Ei 1 Eiweiß 100 g Birnendicksaft 1/2 Kaffeelöffel Vanille 1 Prise Salz	*beigeben, mitrühren*
250 g Dinkelvollkornmehl 1/2 Kaffeelöffel Backpulver	*beigeben, kurz zu Teig verarbeiten, 2-3 Stunden kaltstellen*
Teig	*8 mm dick auswellen, ca. 25 cm breit*
Apfelfüllung	*längs in der Mitte daraufgeben*
Teigränder	*beidseitig an die Füllung leben, oben bleibt eine Öffnung von ca. 2 cm*
Schnitte	*hinten und vorn verschließen*

mit Eigelb	*bestreichen*

Backen: 190 °C, ca. 25 Minuten, 2. Schiene

Füllung:	
1-2 Eßlöffel Vollrohrzucker 2 Eßlöffel Sultaninen 2 Eßlöffel Mandeln (gemahlen)	*in eine Schüssel geben*
1 Zitrone	*schälen, in feine Scheiben schneiden, beigeben*
5-6 Äpfel	*schälen, in feine Scheiben schneiden, beigeben*
alle Zutaten	*gut mischen*

Mailänderschnitte

Zuckerteig:	
125 g Butter	*schaumig rühren*
125 g Vollrohrzucker 1 Ei 1 Eiweiß 1 Prise Salz	*beigeben, gut rühren*
3 Eßlöffel Milch	*beifügen, mischen*
1 Zitronenschale 200 g Dinkelweißmehl 175 g Dinkelvollkornmehl 1/2 Kaffeelöffel Backpulver	*beigeben, kurz zum Teig verarbeiten, 2-3 Stunden zugedeckt kalt stellen*

Zubereitung der Schnitte:

Zuckerteig	*1 cm dick zu einem Rechteck auswellen, auf Blech legen, Teigränder gradlinig zuschneiden*
Teigreste	*zusammenwirken, dünn auswellen, 1 cm breite Streifen schneiden*
mit Himbeerkonfitüre	*die Teigplatte bestreichen, 1 cm Teigrand belassen*
Teigstreifen	*gitterförmig darauflegen*
mit Eigelb	*bestreichen*

Backen: 180 °C, ca. 15 Minuten, 2. Schiene

Dinkelvollkorn-Biskuitroulade

4 Eigelb 120 g Vollrohrzucker 3 Eßlöffel Wasser	*schaumig rühren*
120 g Dinkelvollkornmehl 1/2 Kaffeelöffel Backpulver 4 Eischnee	*sorgfältig darunterziehen*
Masse	*auf Backtrennpapier ausstreichen (ca. 1 cm dick)*

Backen: 220 °C, ca. 8 Minuten, 1. Schiene

gebackenes Biskuit	*auf ein Tuch stürzen*
mit Himbeerkonfitüre	*sehr schnell bestreichen und satt aufrollen*

oder: Roulade unter dem Blech erkalten lassen und dann füllen	
Füllung:	
200 ml Rahm	*schlagen*
200 g Magerquark 1 Eßlöffel Vollrohrzucker 300 g Himbeeren	*beigeben, verrühren, auf die erkaltete*
2 Eßlöffel Himbeergeist	*Roulade streichen*
Roulade	*satt aufrollen*

Dinkelgrießkuchen

125 g Dinkelgrieß 1/4 Liter Milch, lauwarm	*2-3 Stunden zugedeckt stehen lassen*
3 Eigelb 125 g Vollrohrzucker	*schaumig rühren*
100 g weiche Butter	*beigeben, rühren*
1 Zitrone Schale und Saft Eingeweichten Grieß	*beigeben*
125 g Dinkelweißmehl 1/2 Päckchen Backpulver 3 Eischnee	*darunterziehen*
mit gemahlenen Mandeln	*die gefettete Stollenform bestreuen*
Masse	*einfüllen*

Backen: 180 °C, 50-60 Minuten, 1. Schiene

Kraftspenderkuchen

80 g weiche Butter	*schaumig rühren*
180 g Vollrohrzucker 3 Eier 1 Prise Salz	*beigeben, schaumig rühren*
einige Tropfen Bittermandelaroma 100 g gemahlene Mandeln 100 g Dinkelvollkornmehl 50 g feine Dinkelflocken 50 g grobe Dinkelflocken ca. 100 ml Milch 1 Kaffeelöffel Backpulver	*sorgfältig daruntermischen, Kuchenform (22 cm) mit Backtrennpapier auskleiden, Masse einfüllen*

Backen: 180 °C, 50 Minuten, 1. Schiene

Tip: *Nach Belieben 50 g Sultaninen unter die Masse mischen.*

Früchtekuchen

50 g Sultaninen 50 g Rosinen 50 g Zitronat-Würfel 2 Eßlöffel Kirsch	*mischen, 2 Stunden ziehen lassen*
150 g weiche Butter	*schaumig rühren*
150 g Vollrohrzucker oder 120 g Honig 5 Eigelb	*beigeben, mitrühren*
Vorbereitete Früchte 50 g Mandeln, gehackt 250 g Dinkelvollkornmehl 1 Eßlöffel Backpulver	*beigeben, kurz mischen*
5 Eischnee	*darunterziehen*
Masse	*in gut gefettete und bemehlte Kuchenform füllen (Länge: 24 cm)*

Backen: 170 °C, ca. 50 Minuten, 1. Schiene

Weihnachtskuchen

150 g Sultaninen 150 g kandierte Früchte 100 g Aprikosen, kleingeschnitten 4 Eßlöffel Rum	*mischen, ca. 1 Stunde ziehen lassen*
250 g Butter	*schaumig rühren*

250 g Vollrohrzucker 4 Eier	*nach und nach beigeben, schaumig rühren*
50 g Mandelstifte 50 g geröstete Mandeln 1/2 Zitronenschale, abgerieben 1 Eßlöffel Zimt 1 Messerspitze Nelkenpulver Eingelegte Früchte	*beigeben, mischen*
150 g Dinkelweißmehl 150 g Dinkelvollkornmehl 2 Eßlöffel Backpulver	*darunterheben, in gefettete und bemehlte Springform, Durchmesser 24 cm, füllen*

Backen: 175 °C, ca. 55 Minuten, 1. Schiene

Dinkel-Stollen

500 g Dinkelweißmehl 300 g Dinkelschrot	*in eine große Schüssel geben, einen Kranz machen*
5 g Salz	*daraufgeben*
40 g Hefe 100 ml Milch	*auflösen, in den Kreis geben*
150 g Butter 350 ml Milch	*auf 37 °C erwärmen, beigeben*
2 Eier 150 g Vollrohrzucker	*beigeben*
Zutaten	*zu einem geschmeidigen Teig verarbeiten, ums Doppelte gehen lassen*

50 g Rosinen 50 g Orangeat 50 g Zitronat 2 Eßlöffel Rum	*ca. 3 Stunden vorher mischen, zugedeckt ziehen lassen*
50 g gehackte Mandeln Gebeizte Früchte Getriebener Teig	*mischen, gut kneten und in zwei ausgebutterte und bemehlte Kuchenformen füllen, nochmals ca. 30 Minuten gehen lassen*

Backen: 210 °C, ca. 35 Minuten, 1. Schiene

> Tip: *Anstelle von Orangeat und Zitronat gedörrte Aprikosen klein schneiden und verwenden.*

Streuselkuchen

250 g Dinkelvollkornmehl 250 g Dinkelweißmehl	*in eine Schüssel geben, Kranz bilden*
1/3 Kaffeelöffel Salz	*daraufgeben*
40 g Hefe 300 ml lauwarme Milch	*auflösen, beigeben*
125 g Vollrohrzucker 125 g flüssige Butter 1 Kaffeelöffel Vanille 2 Eßlöffel Rum	*beigeben, alle Zutaten zu einem geschmeidigen Teig kneten, an der Wärme ums Doppelte gehen lassen*
Teig	*in gefettete Springform, Durchmesser 26 cm, geben, nochmals gehen lassen*

Streusel	*darauf verteilen*

Backen: 170 °C, ca. 35 Minuten, 1. Schiene

Streusel:	
60 g Butter	*flüssig machen*
1/2 Kaffeelöffel Zimt 2 Eßlöffel Honig 100 g Dinkelschrot	*beigeben, mischen, bis sich Krümel bilden*

Hefekuchen mit Äpfeln

160 g Dinkelgrieß 1/4 Liter warme Milch	*mischen, über Nacht an warmem Ort quellen lassen*
500 g Dinkelweißmehl	*in eine Schüssel geben, Kreis machen*
20 g zerbröckelte Hefe 100 ml lauwarme Milch	*in den Mehlkreis geben, einen kleinen Vorteig machen, 10 Minuten treiben lassen*
1 gestr. Kaffeelöffel Salz 50 g weiche Butter 100 g Vollrohrzucker 1 Ei 1 abgeriebene Zitronenschale eingeweichter Grieß	*beigeben, zu einem geschmeidigen Teig verarbeiten und ums Doppelte im Wasserbad gehen lassen*

Verarbeitung:

Teig	*in gefettete Springform geben, Durchmesser 26 cm*
mit Apfelscheiben	*belegen, nochmals gehen lassen*

Backen: 200 °C, ca. 30 Minuten, 1. Schiene

> Tip:
> – *Äpfel nach dem Backen sofort mit Birnendicksaft bestreichen.*
> – *Dieser Kuchen eignet sich zum Nachtessen.*
> – *3 Eßlöffel Anis in den Teig arbeiten und in Kuchenformen abfüllen.*

Gefülltes Hefegebäck

500 g Dinkelweißmehl	*in eine Schüssel geben, in der Mitte eine Vertiefung machen*
25 g Hefe	*hineinbröckeln*
1/4 Liter Milch	*auf 37 °C erwärmen, ca. 100 ml Milch beigeben, einen kleinen Vorteig machen, 15 Minuten zugedeckt stehen lassen*
50 g Vollrohrzucker 1 gestr. Kaffeelöffel Salz 30 g weiche Butter 1 Ei	*in den Mehlkreis geben, zu einem geschmeidigen Teig verarbeiten, um das*

restliche Milch	*Doppelte gehen lassen*
Teig	*rechteckig auswellen, ca. 4 mm dick füllen, rollen und in Ringform, Durchmesser 28 cm, geben, nochmals gehen lassen*

Backen: 220 °C, 30-40 Minuten

Mandelfüllung:	
200 g gemahlene Mandeln 4 Eßlöffel Vollrohrzucker	*in eine Schüssel geben*
1 Apfel	*fein dazureiben*
1 Zitrone	*Schale dazureiben, Saft auspressen, beigeben*
2 Eßlöffel Sultaninen	*eventuell beigeben*
6-8 Eßlöffel Rahm oder Milch	*beifügen, mischen*

> Tip: *Die Füllung soll feucht, aber nicht flüssig sein.*

Butterkrapfen

350 g Dinkelweißmehl 150 g Butter	*verreiben, einen Mehlkreis machen*
20 g Hefe 1 Eßlöffel Honig	*miteinander auflösen, in den Kranz geben*
150 ml Mineralwasser natur	

1 Ei	*beigeben, alle Zutaten zu einem glatten*
1 Prise Meersalz	*Teig verarbeiten. 30 Minuten im Kühlschrank*
1 Kaffeelöffel Zimt	*ruhen lassen*
Teig	*6 mm dick auswellen, Rondellen ausstechen*
1 Kaffeelöffel Himbeerkonfitüre	*auf jede Rondelle geben*
mit Wasser	*den Rand bestreichen*
Rondellen	*überschlagen und gut verschließen*
1 Eigelb	
1 Kaffeelöffel Honig	*mischen, Krapfen damit bestreichen*
evtl. mit grobgemahlenen Mandeln	*bestreuen*
Krapfen	*20-25 Minuten gehen lassen*

Backen: 200 °C, ca. 20 Minuten, 2. Schiene

Tip: *Anstelle von Konfitüre eine Apfelfüllung verwenden:*
3 Äpfel, grob geraffelt
1 Eßlöffel Vollrohrzucker
1 Eßlöffel Mandeln, gerieben
1 Zitronenschale, abgerieben

3. Kekse

Mailänderli (ca. 60 Stück)

125 g Butter	*schaumig rühren*
125 g Vollrohrzucker 1 Prise Salz 1 Ei, 1 Eigelb 1 Messerspitze Vanille	*beigeben, mitrühren*
abgeriebene Zitronenschale 250 g Dinkelweißmehl 1 Messerspitze Backpulver	*beigeben, kurz zu Teig verarbeiten, 3-4 Stunden kühlstellen*
Teig	*ca. 5 mm auswellen, Förmchen ausstechen*
mit Eigelb	*bestreichen*

Backen: 190 °C, ca. 12 Minuten, Ofenmitte

Orangenplätzchen

125 g Butter	*schaumig rühren*
1 Ei 125 g Vollrohrzucker 1 Prise Salz	*beigeben, gut mitrühren*
1 Orangenschale 1 Eßlöffel Orangensaft 1 Kaffeelöffel Vanille	*zugeben*
250 g Dinkelvollkornmehl (oder Dinkelweißmehl)	*beigeben, kurz zu Teig verarbeiten,*

1 Messerspitze Backpulver	*ca. 3-4 Stunden kaltstellen*
Teig	*5 mm dünn auswellen, ausstechen*

Backen: 200 °C, 10-15 Minuten, Ofenmitte

3 Eßlöffel Vollrohrzucker	*mischen, warme Plätzchen dünn*
ca. 1 Eßlöffel Orangenlikör	*bestreichen*

Schwabenbrötchen

100 g weiche Butter	*rühren, bis sich Spitzchen bilden*
1 Ei, 100 g Vollrohrzucker 1 Prise Salz	*mitrühren, bis alles schaumig ist*
125 g Mandeln, gemahlen 1/2 Zitronenschale 1/2 Kaffeelöffel Zimt 1 Messerspitze Nelkenpulver	*mischen, beigeben, kurz zum Teig*
150 Dinkelvollkornmehl	*verarbeiten, 3-4 Stunden kaltstellen*
Teig	*1/2 cm dünn auswellen, Förmchen ausstechen*
mit Eigelb	*bestreichen*

Backen: 200 °C, 12 Minuten, Ofenmitte

Gesundheitsplätzchen

90 g Butter	*schaumig rühren*
4 Eßlöffel Vollrohrzucker 1 1/2 Eier	*mitrühren*
2 Messerspitzen Zimt 200 g Dinkelvollkornmehl 50 g Edelkastanienmehl 1 Messerspitze Backpulver	*mischen, kurz zu Teig verarbeiten*
Teig	*1 Stunde kaltstellen, 1/2 cm dick auswellen, ausstechen*
mit 1/2 Ei	*bestreichen*

Backen: 180 °C, 12 Minuten, Ofenmitte

Tip: *Plätzchen eventuell nach dem Backen zur Hälfte in flüssige Schokolade tauchen, auf Alufolie absetzen.*

Energieplätzchen

150 g Butter	*schaumig rühren*
250 g Vollrohrzucker 2 1/2 Eier 1 Prise Salz	*beigeben, gut rühren*
30 g Gewürzmischung	*beigeben, mischen*
Gewürzmischung:	*45 g Muskatpulver, 45 g Zimt, 10 g Nelkenpulver*

1 Zitronenschale	
200 g Dinkelvollkornmehl	
200 g Dinkelweißmehl	
200 g Mandeln gem.	*beigeben, kurz zu Teig verarbeiten.*
1 Kaffeelöffel Backpulver	*über Nacht kaltstellen*
Teig	*5 mm dünn auswellen, Formen ausstechen*
mit 1/2 Ei	*bestreichen*

Backen: 190 °C, ca. 12 Minuten, 2. Schiene

Hildegard-Lebkuchen

50 g Honig	
150 g Vollrohrzucker	
2 Eier, 20 g weiche Butter	*20 Minuten schaumig rühren*
1 gestr. Eßlöffel Zimt	
1 gestr. Eßlöffel Muskat	
1/3 Kaffeelöffel Nelkenpulver	
1 Messerspitze Natron	*beigeben, mischen*
150 g Dinkelvollkornmehl	
125 g Dinkelweißmehl	*beigeben, zu Teig verarbeiten*
Teig	*über Nacht kaltstellen, dann 1/2 cm dünn auswellen, Förmchen ausstechen*
mit Eigelb	*bestreichen*

Backen: 190 °C, ca. 12 Minuten, Ofenmitte

Tip: *Gewürze durch 2 Eßlöffel Muskatpulvermischung ersetzen.*

Galgantplätzchen

100 g Butter	*schaumig rühren*
125 g Vollrohrzucker	
2 1/2 Eier, 1 Prise Salz	*beigeben, gut rühren*
10 g Galgant	*beigeben, mischen*
400 g Dinkelvollkornmehl 1/2 Kaffeelöffel Backpulver	*beigeben, kurz zu Teig verarbeiten, kaltstellen*
Teig	*5 mm dünn auswellen, Förmchen ausstechen*
mit Ei	*bestreichen*

Backen: 190 °C, 12 Minuten, Ofenmitte

Vollkornplätzchen

100 g Butter	*schaumig rühren*
100 g Vollrohrzucker 2 Eier 1 Prise Salz	*beigeben, gut rühren*
1 Messerspitze Vanille 100 g Schokoladenstreusel	*beigeben, mischen*
300 g Dinkelvollkornmehl 1/2 Kaffeelöffel Backpulver	*beigeben, kurz zu Teig verarbeiten, 1 Stunde kaltstellen*

Teig	*5 mm dick auswellen, ausstechen*
mit Eigelb	*bestreichen*

Backen: 180 °C, 10-12 Minuten, 2. Schiene

Mandel-Vollkornplätzchen

120 g Butter	*schaumig rühren*
120 g Vollrohrzucker 2 Eier 1 Eiweiß 1 Prise Salz	*beigeben, gut rühren*
1 Eßlöffel Rum 200 g Dinkelvollkornmehl 200 g geriebene Mandeln 1 gestr. Kaffeelöffel Backpulver	*beigeben, kurz zu Teig verarbeiten, mindestens 1 Stunde kaltstellen*
Teig	*5 mm dick auswellen, ausstechen*
mit Eigelb	*bestreichen*
mit geschälten Mandeln	*garnieren*

Backen: 180 °C, ca. 10-12 Minuten, 2. Schiene

Dinkelschrot-Plätzchen

125 g Butter	*schaumig rühren*
200 g Birnendicksaft 1 Ei	*beigeben, mitrühren*
1 Kaffeelöffel Vanille 1 Kaffeelöffel Zimt 100 g gem. Mandeln	*dazugeben, vermischen*
200 g Dinkelschrot	*beigeben, kurz zu Teig verarbeiten,*
200 g Dinkelweißmehl 1 Kaffeelöffel Backpulver	*2 Stunden zugedeckt an der Kälte ruhen lassen*
Teig	*5 mm dick auswellen, Plätzchen ausstechen*
Mit Eigelb	*bestreichen*

Backen: 180 °C, ca. 12 Minuten, 2. Schiene

Trümpfli

50 g Butter	*schaumig rühren*
1 Ei 1 Eiweiß 100 g Vollrohrzucker 50 g Birnendicksaft 1 Prise Salz	*mitrühren*
80 g Sonnenblumenkerne	*kleinhacken, etwas rösten, auskühlen lassen, beigeben*
1 Zitronenschale 1 Messerspitze Vanille	*beigeben, mischen*

200 g Dinkelweißmehl 1/3 Kaffeelöffel Backpulver	*beigeben, kurz zu Teig verarbeiten, 3-4 Stunden kaltstellen*
Teig	*5 mm dünn auswellen, Formen ausstechen*
mit Eigelb	*bestreichen*
mit Sonnenblumenkernen	*garnieren*

Backen: 200 °C, 10-12 Minuten, Ofenmitte

Rosinenplätzchen

125 g Butter	*schaumig rühren*
1 Ei 100 g Vollrohrzucker 1 Prise Salz	*beigeben, mitrühren*
1 Zitronenschale 1 Kaffeelöffel Zitronensaft 1/2 Kaffeelöffel Vanille 50 g Rosinen 50 g Sultaninen 50 g gemahlene Mandeln	*beigeben, gut mischen*
250 g Dinkelweißmehl oder Dinkelvollkornmehl 1 Messerspitze Backpulver	*beigeben, kurz zu Teig verarbeiten, 3-4 Stunden kaltstellen*
Teig	*5 mm dünn auswellen, runde Plätzchen ausstechen*
mit Eigelb	*bestreichen oder nach dem Backen glasieren*

Backen: 200 °C, 10-12 Minuten, 2. Schiene

Maroni-Herzen (ca. 50 Stück)

50 g weiche Butter 1 Prise Salz 30 g Vollrohrzucker 1 Ei 1 Messerspitze Vanille	*schaumig rühren*
200 g Maronipüree 50 g Mandeln, gerieben 50 g dunkle Schokolade, gerieben	*beigeben, gut mischen*
50 g Dinkelweißmehl	*beigeben und alle Zutaten zu einem zarten Teig verarbeiten, zugedeckt über Nacht kühlstellen*
Teig	*auf gut bemehlter Arbeitsfläche 5 mm dick auswellen, ausstechen*
Herzchen	*auf Backtrennpapier setzen*

Backen: 190 °C, ca. 20 Minuten, 2. Schiene

100 g Schokolade	*im Wasserbad flüssig machen*
ausgekühlte Herzchen	*zur Hälfte in die Schokoladenglasur eintauchen*

Dinkel »Petit Beurre«

125 g Butter	*weich rühren*
125 g Vollrohrzucker 1 Prise Salz 1 Ei	*beigeben, schaumig rühren*
2 Eßlöffel Sauerrahm 2 gestr. Kaffeelöffel Gewürzmischung	*beigeben, gut vermischen*
250 g Dinkelvollkornmehl 1 Messerspitze Backpulver	*beigeben, kurz zu Teig verarbeiten, ca. 2 Stunden kaltstellen*
Teig	*rechteckig, 5 mm dünn auswellen, in 2 cm breite und 6 cm lange Rechtecke schneiden, mit einer Gabel stechen*
Plätzchen	*auf Backblech setzen*
mit Eigelb	*bestreichen*

Backen: 170 °C, ca. 15 Minuten, 2. Schiene

> Tip: *Anstelle von 250 g Dinkelvollkornmehl kann man auch wie folgt mischen: 200 g Dinkelweißmehl und 50 g Dinkelschrot oder 125 g Dinkelweißmehl und 125 g Dinkelschrot.*

Basler Biberli

200 g Dinkelvollkornmehl 50 g Dinkelweißmehl 75 g Mandeln, fein gehackt 50 g Zitronat und Orangeat, fein gehackt 1 Teelöffel Zimt 1 Teelöffel Anis 1 Messerspitze Nelkenpulver	*gut mischen*
125 g Honig	*erwärmen, bis er flüssig ist*
50 g Butter 1 Ei	*zum Honig geben*
1/4 Kaffeelöffel Natron 2 Eßlöffel Milch, lauwarm	*mischen, auflösen*
Honiggemisch:	
aufgelöster Natron 2 Eßlöffel Kirsch 3 Eßlöffel Milch	*zum Mehl geben, einen weichen Teig zubereiten*
Teig	*1 cm dick auf Backtrennpapier ausstreichen*

Backen: 170 °C, 15 Minuten, 2. Schiene

> Tip: *Biberli noch warm in Rechtecke schneiden und noch leicht warm in Dosen füllen.*

Gewürzwürfel

150 g Butter	*auf kleinem Feuer erwärmen, gut verrühren,*
150 g Vollrohrzucker	*bis alles geschmolzen ist,*
50 g Birnendicksaft	*leicht auskühlen lassen*
100 ml Milch	
2 Eier	
2 Eßlöffel Rum	*beigeben*
300 g Dinkelvollkornmehl	
150 g Dinkelweißmehl	
1 Teelöffel Backpulver	
1 Eßlöffel Gewürzmischung (Muskat, Zimt, Nelken)	*miteinander mischen und oben beschriebene Flüssigkeit darunterziehen*
1 Prise Salz	
1 Zitronenschale, abgerieben	
200 g Sultaninen	
100 g Mandeln, fein gehackt	*darunterheben*
Teigmasse	*auf vorbereitetes Backblech geben (ca. 38 x 36), glattstreichen*
evtl. mit Mandelblättchen	*bestreuen*

Backen: 180 °C, ca. 30 Minuten, 2. Schiene

Gebäck	*auskühlen lassen, dann in 4 x 4 cm große Würfel schneiden*

Tip:
- *Anstelle von Sultaninen kleingeschnittene Dörraprikosen verwenden.*
- *Nach Belieben 100 g feingehackte Sonnenblumenkerne beigeben.*

Mandel-Stangen

100 g Butter	*schaumig rühren*
1 Ei 1 Eiweiß 125 g Vollrohrzucker 1 Prise Salz	*beigeben, tüchtig rühren*
100 g Mandeln, gemahlen 100 g Dinkelweißmehl 100 g Dinkelvollkornmehl	*beigeben, kurz zu Teig verarbeiten, 1/2 Stunde kaltstellen*
Teig	*rechteckig auf gefettetes Blech streichen, 1 cm dick*
mit Eigelb	*bestreichen*

Backen: 200 °C, 12-15 Minuten, Ofenmitte

gebackene Masse	*auf dem Blech in Stangen schneiden, etwas auseinanderschieben, nochmals kurz überbacken*

Schokoladenstengel

100 g Butter	*schaumig rühren*
100 g Vollrohrzucker 1 Messerspitze Vanille 1 Prise Salz 1 Ei 50 g geriebene Schokolade	 *beigeben, gut mitrühren*
250 g Dinkelweißmehl 1/2 Kaffeelöffel Backpulver	*beigeben, kurz zu Teig verarbeiten, zugedeckt 2-3 Stunden kaltstellen*
Teig	*3 mm dick auswellen, in 5 cm lange und 2 cm breite Stengel schneiden, auf Backtrennpapier setzen*
mit 1/2 geschlagenem Eiweiß	*bestreichen*
mit Mandelplättchen	*bestreuen*

Backen: 180 °C, ca. 8-10 Minuten, 2. Schiene

mit Himbeerkonfitüre	*je 2 Stengel zusammenkleben*
100 g Schokolade	*im Wasserbad flüssig machen*
Stengelenden	*eintauchen*

Knusper-Kugeln

50 g Butter	*schaumig rühren*
150 g Rohzucker 2 Eier 1 Prise Salz	*beigeben, gut rühren*
50 g gehacktes Orangeat 50 g gehacktes Zitronat 200 g gehackte, leicht geröstete Sonnenblumenkerne 1 Eßlöffel Zitronensaft	*beigeben, mischen*
200 g Dinkelvollkornmehl 50 g Dinkelweißmehl 1/2 Kaffeelöffel Backpulver	*beigeben, kurz zu Teig verarbeiten, 3-4 Stunden kaltstellen*
kleine Teigkugeln	*formen*
mit Eigelb	*bestreichen*

Backen: 200 °C, ca. 12 Minuten, Ofenmitte

Dinkelflockenplätzchen

100 g feine Dinkelflocken 2 Eier 3 Eßlöffel Milch	*verrühren und 10 Minuten einweichen*
100 g Butter	*schaumig rühren*
100 g Vollrohrzucker 1 Zitrone, Saft und Schale 1 Prise Salz	*beigeben, gut mitrühren*
eingeweichte Dinkelflocken	

100 g Dinkelweißmehl 100 g Dinkelvollkornmehl 50 g Mandeln, gemahlen 1 Messerspitze Backpulver	*beigeben, kurz zu Teig verarbeiten, 2 Stunden kalt stellen*
kleine Teigkugeln	*formen, auf Backtrennpapier setzen, in der Mitte eine kleine Vertiefung machen*
mit Ei	*bestreichen*
je 2-3 Mandelstifte	*darauf legen*

Backen: 180 °C, ca. 15 Minuten, 2. Schiene

Einsiedlerkugeln

110 g Butter	*schaumig rühren*
170 g Vollrohrzucker 2 Eier 1 Prise Salz	*beigeben, schaumig rühren*
1 Kaffeelöffel Zimt 1/2 Kaffeelöffel Muskat 1/3 Kaffeelöffel Nelkenpulver 100 g Mandeln, gehackt 100 g Sultaninen 1 Eßlöffel Milch	*beigeben, gut mischen*
150 g Dinkelweißmehl 100 g Dinkelvollkornmehl 1 Kaffeelöffel Backpulver	*beigeben, mischen, kurz zu Teig verarbeiten, zugedeckt 2-3 Stunden kaltstellen*
Teig	*zu nußgroßen Kugeln formen, auf Blech setzen*
mit Eigelb	*bestreichen*

Backen: 200 °C, ca. 12 Minuten, Ofenmitte

> Tip:
> – *Eventuell vom Teig eine Rolle formen (Durchmesser 3 cm), kühlstellen, in 1/2 cm dicke Scheiben schneiden.*
> – *Plätzchen gut verschlossen aufbewahren.*

Dattelhäufchen

100 g weiche Butter	
100 g Birnendicksaft	*schaumig rühren*
2 Eier	
1 Eßlöffel Rum	
1 Eßlöffel Gewürzmischung (Zimt, Muskat, Nelken)	
100 g Mandeln, gehackt	
200 g Datteln, entsteint, kleingeschnitten	
100 g Dinkelschrot	
100 g Dinkelweißmehl	*der Reihe nach beigeben,*
200 g Dinkelflocken, fein	*gut vermischen*
Teig	*zugedeckt über Nacht kaltstellen*
kleine Teighäufchen	*abstechen und auf ein mit Backtrennpapier belegtes Blech setzen*

Backen: 175 °C, ca. 15 Minuten, Ofenmitte

> Tip: *Kleine Teigkugeln abstechen mit Aushöhler.*

Gefülltes Spritzgebäck

100 g Butter	*schaumig rühren*
100 g Vollrohrzucker	
1 Ei	*beigeben, mitrühren*
100 g Dinkelweißmehl 100 g Stärkemehl (Maizena) 2 Eßlöffel Milch 30 g Mandeln, gemahlen	*beigeben, kurz zusammenfügen*
Teigmasse	*in Spritzsack mit gezackter Tülle füllen und 8 cm lange Stengel auf vorbereitetes Backblech spritzen*

Backen: 170 °C, ca. 15 Minuten, 2. Schiene

Gebäck	*auf Kuchengitter auskühlen lassen*
mit Quittengelee	*die glatte Seite bestreichen und je 2 Stengel zusammensetzen*
200 g Schokolade	*im Wasserbad schmelzen*
Plätzchen	*an beiden Enden eintauchen, zum Trocknen auf Pergamentpapier setzen*

Florentinerli

2 Eßlöffel Honig 3 Eßlöffel Kaffeerahm	*erwärmen und rühren, bis alles gut durchgemengt ist*
60 g Mandelblättchen 60 g Rosinen 30 g Zitronat 30 g Orangeat	*beigeben, bis kurz vors Kochen bringen, abkühlen lassen*
100 g Dinkelflocken	*unterrühren*
Teigmasse	*zu runden Plätzchen formen, auf Backtrennpapier setzen*

Trocknen: 100 °C, ca. 1 Stunde, 2. Schiene

100 g Schokolade	*flüssig machen*
Plätzchenunterseite	*eintauchen, auf Pergamentpapier absetzen*

Ofenküchlein (ca. 25 Stück)

150 ml Milch 150 ml Wasser 50 g Butter 1 Prise Salz 1/2 Zitronenschale 2 Eßlöffel Vollrohrzucker	*in eine Pfanne geben, aufkochen*
150 g Dinkelweißmehl	*im Sturz beigeben, kräftig rühren, bis sich der Teigkloß vom Pfannenboden löst, etwas auskühlen lassen*

3 Eier	*nach und nach unter den Teig rühren*
Den glattgerührten Teig	*in Spritzsack füllen, Tülle 1 cm Durchmesser, auf Blechreinpapier spritzen*

Backen: 200 °C, ca. 20 Minuten, 2. Schiene
Ofen nie öffnen! Küchlein im ausgeschalteten Ofen ca. 10 Minuten trocknen lassen.

Füllung: Schlagrahm mit Vanille, dicke Schokoladencreme oder Früchte mit Schlagrahm

Vanillebretzeln (ca. 60 Stück)

125 g Butter	*schaumig rühren*
125 g Vollrohrzucker 3 Eier 1 Kaffeelöffel Vanille 1 Prise Salz 1/2 abgeriebene Zitronenschale 1/2 Kaffeelöffel Muskatpulvermischung	*beigeben, gut mischen*
250 g Dinkelweißmehl	*dazusieben, zu einem dickflüssigen Teig verarbeiten, 2 Stunden zugedeckt kaltstellen*
Mit einem Löffel Teig	*auf die Ornamente geben und backen*

Mandelbretzeln

100 g Butter	*schaumig rühren*
100 g Vollrohrzucker 1 Messerspitze Vanille 1 Prise Salz 2 Eier	*beigeben, mischen*
50 g Mandeln, gerieben 200 g Dinkelweißmehl	*beigeben und alle Zutaten zu einem Teig zusammenfügen*
Teig	*mit einem Löffel abstechen, auf die Ornamente geben, backen*

Käsebretzeln (40-50 Stück)

30 g Butter	*schaumig rühren*
70 ml Wasser 70 g geriebener Appenzeller- oder Greyerzerkäse 1/2 Kaffeelöffel Salz 200 g Dinkelweißmehl	*zu Teig verarbeiten, 2 Stunden ruhen lassen*
kleine Teigkugeln	*auf die Ornamente geben, backen*
mit Mutterkümmelpulver	*bestreuen*

Mohnbretzeln

120 g Butter	*schaumig rühren*
3/4 Kaffeelöffel Salz 100 ml Wasser	*auflösen, beigeben*
1 Kaffeelöffel Mohnsamen 200 g Dinkelweißmehl kleine Teigkugeln	*beigeben, zu Teig verarbeiten, ruhen lassen* *auf die Ornamente geben, backen*

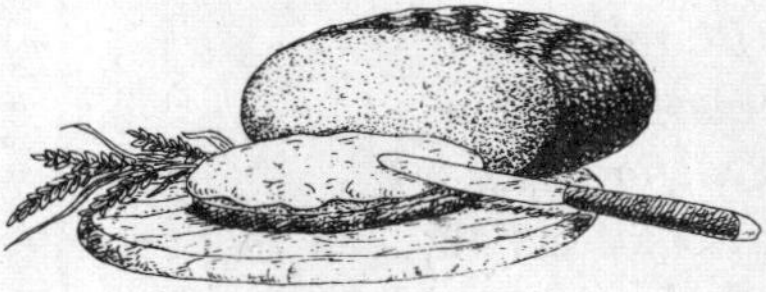

VI. Getränke

Dinkelkaffee mit ganzen Körnern

1. Tag	
2 Eßlöffel Dinkelkaffee-körner	*5 Minuten kochen lassen und abgießen,*
1/2 Liter Wasser	*die Körner aufheben*
2. Tag	
Körner vom 1. Tag	*3 Minuten kochen lassen*
2 Eßlöffel frische Körner	*und abgießen,*
1/2 Liter Wasser	*die Körner wieder aufheben*
3. Tag	
gebrauchte Körner	*3 Minuten kochen lassen*
2 Eßlöffel frische Körner	*und abgießen,*
1/2 Liter Wasser	*die Körner aufheben*

Am 4., 5. und 6. Tag die gleichen Schritte wiederholen; es erfolgt keine Gewöhnung.

Dinkelkaffee mit gemahlenen Körnern

1 Liter Wasser	*sieden*
6 Eßlöffel grobgemahlenen Dinkelkaffee	*beigeben, 3 Minuten köcheln lassen, dann ca. 2 Minuten ziehen lassen*
Kaffee	*durch feines Sieb abseien*

Persönliche Notizen
(Korrekturen, Ideen, Vorschläge)

Persönliche Notizen
(Korrekturen, Ideen, Vorschläge)

Persönliche Notizen
(Korrekturen, Ideen, Vorschläge)

Lagerung von Getreide

Unkrautsamen im Getreide

Im biologischen Landbau ist die chemische Unkrautbekämpfung verboten. Obschon wir heute über leistungsfähige mechanische Geräte verfügen, sind biologische Getreidefelder nicht ›chemisch rein‹. Weil viele Unkräuter etwa zur gleichen Zeit reifen wie das Getreide, ist der Besatz an Unkrautsamen in der Regel etwas höher. Auch mit guten Reinigungsmaschinen lassen sich manchmal nicht alle Fremdsamen entfernen, es sei denn, es werde ein unverhältnismäßig großer Anteil Getreide damit ausgesiebt.

Wenn das Getreide vermahlen wird, können die Unkrautsamen bedenkenlos mitvermahlen werden. Für Getreidegerichte aus ganzen Körnern empfiehlt es sich, Fremdsamen auszusortieren. Sie stören vor allem, weil sie beim Kochen länger hart bleiben als Getreide.

Ungeziefer im Getreide

Für Produkte aus biologischem Landbau sind keine chemischen Lagerschutzmittel zugelassen. Entsprechend ist das Risiko eines Schädlingsbefalls etwas höher als beim konventionellen Getreide (was nicht heißen soll, daß dort alles behandelt wird). Wir sind jedoch der Meinung, dieses Risiko sei das kleinere Übel als die prophylaktische Behandlung ganzer Getreidesilos.

Die besten Vorsorgemaßnahmen gegen Schädlinge sind

- *tiefe Lagertemperaturen,* unter 15 °C entwickeln sich kaum Schädlinge
- *Sauberkeit,* alle alten Reste regelmäßig entfernen, Ritzen und Ecken mit dem Staubsauger reinigen
- *Kontrolle,* Schädlinge befallen nicht nur Getreide, deshalb alle Vorräte von Zeit zu Zeit überprüfen
- *Bewegung,* vor allem im Sommer kann es nützlich sein, das Getreide von Zeit zu Zeit (z. B. alle 6 Wochen) umzuschütten, am besten im Freien bei starkem Wind
- *Atmung,* keine luftdichten Gefäße verwenden.

Befallene Partien sind sofort vom übrigen Vorrat zu trennen. Bei schwachem Befall genügt es meistens, das Getreide abzusieben. Bei starkem Befall gibt's Hühnerfutter.

Gute Lagerräume

Aus obigen Gründen lassen sich die Anforderungen an die Lagerräume ableiten: trocken, kühl und sauber. In Frage kommen:

- *Keller,* wenn zu trocken für Gemüse, ist dies oft der günstigste Ort im Haus. Kein Naturboden! Säcke auf Holzunterlage stellen.
- *Estrich,* gut, ausgenommen in den Sommermonaten, wenn er sich direkt unter den Ziegeln befindet.
- *Gedeckte Lauben,* Balkone auf der Schattenseite, Vorsicht bei Gewitterregen und Nebel im Herbst.

- *Ferner,* unbeheizte oder wenig beheizte Räume wie Garage, Korridor, Schlafzimmer.

In Räumen, wo die Außenluft Zutritt hat, kann das Getreide in Regen- und Nebelwetterperioden Feuchtigkeit aufnehmen. Das Vermahlen kann dann Schwierigkeiten bereiten. In solchen Fällen ist es vorteilhaft, die Körner in einem Leinensack einige Tage auf einen Heizkörper zu legen.

Wer war Hildegard von Bingen

Hildegard von Bingen hat im 12. Jahrhundert im deutschen Rheinland gelebt. Sie wurde 1098 geboren und ist am 17. September 1179 gestorben. Es war eine unerfreuliche Zeit: in Europa stritten Kaiser und Papst um die weltliche Vorherrschaft, viele Bischöfe und Äbte sorgten sich mehr um Macht und Geld als um das seelische Heil ihrer Untertanen. Es war die Zeit der Kreuzzüge und der blutigen Verfolgung von Irrlehren.

Zeit ihres Lebens war Hildegard oft so schwer krank, daß sie an das Bett gebunden war. Und trotzdem hat sie unvorstellbar viel geleistet. Mit etwa 17 Jahren wurde sie Nonne im Benediktinerinnenkloster auf dem Disibodenberg, mit 38 Jahren Äbtissin des Klosters. Sie hat zwei neue Klöster (Rupertsberg und Eibingen) errichtet und geleitet. Noch im hohen Alter hat sie vier mühsame Reisen unternommen und dabei in Klöstern und in der Öffentlichkeit gepredigt, gewarnt und zur Umkehr aufgerufen. Das war für jene Zeit etwas ganz Außergewöhnliches.

Hildegard von Bingen hatte Zeit ihres Lebens die Gabe der Vision. Sie schreibt selber darüber: ›Bei meiner ersten Gestaltung, als Gott mich im Schoß meiner Mutter durch den Hauch des Lebens erweckte, prägte er dieses Schauen meiner Seele ein.‹ Sie sah bis zu ihrem Lebensende viele Dinge nicht mit den äußeren Augen und hörte sie nicht mit den äußeren Ohren. ›Ich sehe sie vielmehr einzig in meiner Seele, mit offenen leiblichen Augen, so daß ich niemals die Bewußtlosigkeit einer Ekstase erleide, sondern wachend schaue ich dies, bei Tag und bei Nacht.‹

Hildegard hat ihre Visionen ab ihrem 42 Lebensjahr vor allem in drei großen Werken in lateinischer Sprache niedergeschrieben, in SCIVIAS (Wisse die Wege), Im Liber Vitae Meritorum (dem Buch der Lebensverdienste) und im Liber Divinorum Operum (Welt und Mensch). Daneben hat sie die Visionen in vielen Briefen festgehalten, in einem Singspiel und in Liedern, in kleineren Werken und vor allem in einem medizinischen Werk.

Dieses medizinische Werk ist im Original nicht bekannt, überliefert sind aber zwei Teile durch Handschriften aus dem 13. und 15. Jahrhundert. Der eine Teil ist heute bekannt unter dem Titel Causae et Curae (Ursachen und Behandlung der Krankheiten), der andere als Physica (Heilmittel der Natur). In dieser Physica sind die Heilkräfte von rund 500 Pflanzen und Bäumen, Tieren, Vögeln, Fischen und Edelsteinen beschrieben. Eines der Kapitel befaßt sich mit dem Dinkel, der das Thema dieses Kochbuches ist. Daneben enthalten aber sowohl Physica als auch Causae et Curae noch zahlreiche weitere Empfehlungen für die richtige Ernährung.

Die Vorstellung, Hildegard von Bingen habe visionär (also von Gott) konkrete Empfehlungen für Ernährung und leibliche Gesundheit erhalten, mag heute für viele befremdend erscheinen. Dahinter steckt die irrige Auffassung, Gott sei etwas so Gewaltiges und so weit Entferntes, daß er sich sicher nicht um menschliche Kleinigkeiten kümmert. Wer jedoch die Evangelien unvoreingenommen liest, stellt bald fest: Jesus Christus, Gottes Sohn, hat in seinem irdischen Leben zwar vor allem das ewige Heil, die Erlösung gepredigt, und mit seinem Kreuzestod die Erlösung gebracht. Er hat aber auch in ungezählten Fällen körperlich Kranke geheilt und Dämonen ausgetrieben, und er hat diese Gabe den Aposteln und deren Nachfolgern weitergegeben.

Ewiges Heil (Erlösung) und irdisches Heil (Gesundheit) hängen eng zusammen. Alle Werke Hildegards befassen sich mit der Heilsgeschichte, dem ewigen und dem irdischen Heil. Eines ihrer visionären Lieder gilt ›Maria, mater sanctae medicinae‹. Das könnte man übersetzen mit: ›Maria, Mutter der heiligen Heilkunst.‹ Es heißt aber richtig: ›Maria, Mutter der Eucharistie.‹ Durch das ganze Werk zieht sich der eine und entscheidende Gedanke:

›Gottes Barmherzigkeit kennt keine Grenzen und kein Ende, es sei denn der Mensch selbst verschließt sich gegen Gott‹ (SCIVIAS).

Gerade die heutige Theologie kann bei Hildegard viel lernen. Das setzt aber voraus, daß man sie nicht dazu mißbraucht, ihr eigene, unausgegorene Gedanken unterzuschieben.

Hildegard von Bingen ist nie offiziell heilig gesprochen worden. Trotzdem gilt sie mit Recht als Heilige. Sie hat gerade unserer Zeit viel zu sagen, am Ende der sogenannten Neuzeit und am Vorabend einer neuen friedlichen und wieder Gott zugewandten Zeit.

Bezugsquellen

Die in diesem Rezeptbuch angegebenen Produkte sowie weitere Hildegard-Mittel und Hildegard-Literatur sind erhältlich bei:

Schweiz

Hildegard-Vertriebs AG, Aeschenvorstadt 24, CH-4010 Basel, Tel. 061/2 72 24 79.

J. Schwarz-Studer, CH-3930 Visp, Tel. 028/46 23 26.

Deutschland

HvB Lebens- und Nahrheilmittel Vertriebs GmbH, Mannhardtstr. 6, D-80538 München 22, Auslieferungslager: Kapellenweg 2, D-48161 Münster/Lech, Telefon: 0 82 76/19 99, Telefax: 0 82 76/18 08, BTX: 0 82 76/12 20.

Jura Naturheilmittel, Nestgasse 2, D-78464 Konstanz, Tel. 0 75 31/3 14 87.

Zähringer-Apotheke, Zähringerplatz 17, D-78464 Konstanz, Tel. 0 75 31/6 23 17.

Max-Emanuel-Apotheke, Belgradstr. 21, D-80796 München, Tel. 089/3 08 78 95.

Holstein's Backhaus, August-Borsig-Str. 3, D-78467 Konstanz, Tel. 0 75 31/6 53 81.

Egon Binz, Stadtmühle, D-78187 Geisingen, Tel. 0 77 04/2 47.

Paul Gleiser Bronnmühle, D-72108 Rottenburg am N., Tel. 0 74 72/37 17.

Österreich

Helmut Posch, Am Weinberg 23, A-4880 St. Georgen, Tel. 0 76 67/3 61.

Literaturverzeichnis

Basler Hildegard Gesellschaft (Hrsg.), Hl. Hildegard, Heilkraft der Natur »Physica«, Pattloch Verlag, 1991

Breindl, Ellen, Gesund und schmackhaft kochen mit der Hl. Hildegard von Bingen, Pattloch Verlag, 1990

Breindl, Ellen, Das große Gesundheitsbuch der Hl. Hildegard von Bingen, Pattloch Verlag, 1989

Hertzka, G./Strehlow, W., Küchengeheimnisse der Hildegard-Medizin, Verlag Hermann Bauer, 1984

Pawlik, Manfred (Hrsg.), Hl. Hildegard, Heilwissen, Pattloch Verlag, 1989

Schiller, Reinhard, Hildegard-Medizin-Praxis, Pattloch Verlag, 1990

Schiller, Reinhard, Hildegard Pflanzenapotheke, Pattloch Verlag, 1991

Storch, Walburga OSB (Hrsg.), Hl. Hildegard, Scivias, Pattloch Verlag, 1990

Strehlow, W., Die Ernährungslehre der Hildegard von Bingen, Verlag Hermann Bauer, 1990